女性が癒やすフェミニスト・セラピー

髙畠克子 著

誠信書房

目次：女性が癒やすフェミニスト・セラピー

序章

フェミニスト・セラピーとは？

1章 女性と鬱《うつ》

2章 女性と母娘関係の葛藤

3章　女性とアイデンティティの獲得

4章　女性と職業選択

5章 女性と摂食障害

6章 女性と愛しすぎる女《ひと》たち

9章　女性とドメスティック・バイオレンス

10章 女性とセクシュアル・ハラスメント

終章

女性と老親の介護

序章

フェミニスト・セラピーとは？

1　フェミニスト・セラピーとは何でしょう？

「セラピー」や「カウンセリング」という英語は、そのまま日本語として使われる文化的風土が日本にも育って来ました。ところが、フェミニスト・セラピーというと、「それ何？」とか、「フェミニストって、昔ピンクのヘルメットを被って活動した過激な人たち？」など、何か大きな声では言えないような問い返しを受けることがいまだにあります。女性たちのなかにさえ、フェミニズムやフェミニストに対して、行動する強い女性のイメージがもたれていて、一種の拒否反応を示されることも少なくありません。そこで私は、リンカーンのゲティスバーグの宣言をもじって、「女性の女性による

女性のためのセラピー」と説明することにしています。

それでもここで必ず、次のような質問が、それも多くは男性から出されます。

「なぜ、女性なのですか。男性のフェミニスト・セラピストがいても良いではないですか。女性だけというのは、逆差別だと思いませんか？」という抗議です。

たしかに、女性の視点で治療したり、運動したりする男性のフェミニスト・セラピストがいてもおかしくありませんし、また男性がクライエント（来談者）になって、セクシュアリティ（性愛）についてセラピーを受けに来ることもないわけではありません。したがって、フェミニスト・セラピーとは、一体どのような理論と治療技法に則《のっと》って実践されているのかについて、皆さんに広く知ってもらうためにこの本を書くことにしました。

2 フェミニスト・セラピーの辞書的な意味

ウェブスターの英英辞典で、「フェミニスト」という言葉を引いてみると、「フェミニズムを弁護あるいは実践する人」という名詞と、「フェミニズムの」あるいは「フェミニズムに関連のある」という形容詞が見つかりますが、ここではとりあえず後者の形容詞を当てはめてみます。次に「フェミニズム」を引いてみますと、「第一に女性の政治的、経済的、社会的不平等に関する理論であり、第二に女性の権利や利益のための組織だった活動であり、特に十九世紀から二十世紀に女性差別を撤廃するために起こった運動である」と定義されています。

そこで、「フェミニスト・セラピー」を辞書のうえから定義しますと、「女性差別を撤廃して、政治的、経済的、社会的平等を実現するための治療（セラピー）」ということになります。これでは、社会科学と医科学の用語を接ぎ木した、なんとも奇妙な定義になってしまいますので、セラピーの前に媒介項として、女性心理学・精神医学を持ち込んでみます。

すると「女性心理学・精神医学にもとづいたセラピーである」と定義され、何となく落ち着いてきます。ところで、ここで使用した女性心理学・精神医学というのは、従来の男性の心理学者や精神科医たちが、男性を対象にして構築してきた心理学・精神医学の体系の女性版ではありません。女性は、さまざまな歴史的、社会的、文化的背景のなかで、さまざまな差別や偏見にがんじがらめになりながら、さまざまな心理的、社会的スティグマ（烙印）を負ってきたのです。このスティグマを癒やすためには、男性を対象にした既存の個人心理学や精神医学では不十分ですし、新たな女性独自の心理学・精神医学・政治社会学・比較文化論などの視点が不可欠になっています。このことについては、後に詳細を述べます。

3　フェミニスト・セラピーの誕生した歴史的経緯

河野貴代美（一九九一）[8]によれば、欧米で第二派フェミニズム運動が起こったのは一九六〇年代の後半といわれていますが、フェミニスト・セラピーはこの運動のなかから誕生したものです。これの起爆剤になったのが、一九六三年にベティ・フリーダンの書いた『フェミニン・ミスティーク』[3]という本のなかで取り上げられている、「私とは何者か、自分の人生で何がしたいのか」という女性の「自分探しのテーマ」だったのです。

フリーダンは、一九五〇年代にアメリカの女性たちにインタビューをして、体では表わしてきたのに言葉では語ってこなかった心の問題を取り上げ、彼女たちの示す〈焦燥感・落ち込み・不安・とらわれ・わだかまり・不満・渇望など〉に「名前のない病気」と名付けたのです。これは非常に画期的なことで、名前がつかない・名前がつけられない女性の心の問題が、それまでの精神医学や臨床心理学の学問分野には入らないか、もしくはその分野の研究対象にはならないかを意味しました。そこから、フリーダンのフロイトの精神分析理論に対する批判が始まりますが、それ以降フェミニスト・セラピーの歴史は、この「名前のない病気」に名前をつけること、すなわち女性の視点に立った新しい精神医学や心理学を創造して、そのなかに新しい名前のついた概念を取り入れていくことであり、逆に女性の心理や発達の視点に立った新しい概念を創造し、それにもとづいた新しい精神医学や心理学を作っていくことになるのです。

一例を挙げれば、「名前のない病気」は「女らしさの病い」となりましたし、最近ではDSM－Ⅳ(『精神疾患の診断・統計マニュアル』第四版)[1]のPTSD（心的外傷後ストレス障害）をジュディス・ハーマンらは、複雑性PTSDという名前と概念に変更することを提案しました。AC（アダルト・チルドレン）やドメスティック・バイオレンスやセクシュアル・ハラスメントなども、今までの心理学や精神医学のなかでは「名前のつかない病い」であり、治療や研究や援助の対象にならなかったものです。

次に、フェミニズム運動から誕生したフェミニスト・セラピーを促進した活動について、メリー・ヴァレンチ（一九八六）[19]は三つ挙げています。一つ目はCR（意識覚醒グループ）といわれるもので、これは女性が自分の問題を語り合うことを目的とした自助グループですが、自分たち個々人のミクロの問題を語るうちに、問題の背景にある社会的・政治的・文化的・歴史的なマクロの問題に気づいていくという意識覚醒の意味をもっていました。これはフェミニズムに多少とも関心のある人であれば、一度は耳にしたことのある「個人的なことは政治的なことである」の理念につながるものです。

二つ目は、草の根運動です。特に、レイプや夫の暴力の被害を受けている女性たちに対して、コレクティブズ方式で援助するいわゆる駆け込み寺の設立が大きな力になりました。ところで、CRにしても草の根にしても、「専門家」を要さない活動ですが、フェミニスト・セラピーという専門的な治療や支援を追求したり促進したりする活動に専門家が入らないという考え方は、その後のフェミニスト・セラピーの理念と独自性に影響を及ぼしました。

三つ目は、一九七一年に発行された『私たちの身体、私たち自身』[17]です。ボストン女性の健康集団によって作られたこの本は、「自分の体は自分で管理する」という考え方で、女性を勇気づけたのです。これは後に、女性のセクシュアリティに関して、性同一性や妊娠・出産などで女性自身の決定権の行使を正当化する運動へとつながりました。

4　フェミニスト・セラピーの基本理念

■セラピストとクライエントの平場性（ひらば性）を保障すること

カウンセリング、心理療法、精神分析療法、遊戯療法、家族療法、芸術療法など、さまざまな治療法が広まっているなかで、フェミニスト・セラピーと銘打つからには、これに特有の治療理念や治療技法を提示しなければなりません。基本理念の第一は、平場性（ひらば性）です。あまり耳慣れないかもしれませんが、治療や相談に来る人をクライエント（来談者）、治療や相談を行なう人をセラピスト（治療者）と規定しますと、両者の間には対等な関係性や平場性（ひらば性）が保障されていることがフェミニスト・セラピーの基本になります。

これは前項の歴史的経緯でも述べましたように、フェミニスト・セラピーが自助グループ活動に後押しされて発展してきたことと関係があります。女性は自分の抱えている問題が何なのか、なぜ起こっているのか、自分はその問題で何を望んでいるのか、問題をどう解決すればよいのかなど、初めは混沌としているのです。そういったなかで、自分を語るプロセスを通して、問題の所在が明らかになり、個人的・社会的・政治的に解決すべき課題も明確になっていきます。このようなCRや自助グループ活動でのプロセスを辿っていくと、フェミニスト・セラピーでも、セラピストとクライエントの対等性や平場性（ひらば性）によって、問題が開かれていくことが可能なのです。治療－被治療の関係、指導－被指導の関係などの上下関係をできるだけ廃して、平場性（ひらば性）の元で忌憚なく語り合うことで、有効な治療的展開や問題の解決が起こるというのが第一の理念です。

■フェミニスト・セラピーは対人関係である

この言葉で、サリヴァン（一九五三）[16]の *Interpersonal Theory of Psychiatry* を「精神医学は対人関係論である」と訳した中井久夫氏を思い出すとすれば、あなたは相当なサリヴァンのファンか精神医学に傾倒している人でしょう。実を言うと、私はこの東西の二大巨匠に傾倒している一人です。ところで、サリヴァンは自らの治療技法を対人関係療法と呼んでいますが、その前提には、前述したような患者と治療者の対等性が強調されます。

治療者は患者を冷たく上から見て診断したり教え諭したりするのではなく、同じ地平に立ち、「関与しながらの観察者」という視点をもたなければなりません。そのようなプロセスのなかで、サリヴァンは精神医学のテーマを「人生における不安の意味」を解明することとして、「対人関係のなかで不安に対して本質的な脆弱さを露呈する箇所がどこであるかを探る」ようにして治療することが効率的であると述べています。この対人関係における脆弱さがどこにあるかを探るプロセスは、フェミニスト・セラピーにおいても本質的なものであって、治療とはセラピストとクライエントが協働（コラボレーション）して行なう作業ですが、ここにこそ、対人関係の基本があるといえます。セラピスト－クライエント関係のなかに投映された関係性の歪みとその修正が、現実場面での対人関係に奏効すると考えるわけです。

さらに、対人関係であることを示す例として、サリヴァンは幼児の不安や恐怖を引き起こす場合について、一つは幼児が自分を取り巻く現実として接している接触部分がかなり手荒くかき乱される場合と、もう一つは母親の内面に特定のタイプの乱れが生じる場合を挙げています。前者は幼児を取り巻く環境の乱れという要因によって、不安や恐怖が引き起こされることを示していますし、後者は母親との関係性の乱れという要因によって、不安や恐怖が母親から子どもに伝達されることを指しています。母親を不安にするものや母親が恐れるものは、幼児にも同様な情緒を引き起こすという意味で、非常に対人関係的なのです。

■クライエントを社会的・文化的文脈で捉えること

人は家庭という人間環境のなかに誕生して、母子関係・父子関係・同胞関係など、さまざまな家族関係を基盤にして、学校や会社やコミュニティなどの広い世界で生活しながら自己実現を遂げていくのです。そういう意味では、人は他者との関係を抜きにしては生き成長できない存在であり、自己および他者を包含する社会的・文化的環境内の存在であるということができます。そうして、人は家庭という私的環境から社会・文化的で公的な環境へと進出してゆく場合、人が家庭のなかで培ってきた個人的（パーソナル）な人間関係を基盤にしながらも、社会的な役割をもった公的（パブリック）な人間として振る舞わなければならなくなります。

たとえば、子どもが学校コミュニティという環境に参入するとき、生徒としてこうあるべきだという自己の立場を自覚するとともに、自己に課せられた役割や責任を果たすことも重要になります。さらに、学校は友達や教師や校長先生や給食係の人など、さまざまな人間模様で出来ていますので、自分以外の他者の存在を意識しながら、相手の立場や役割も理解しなければならないわけです。また、学校コミュニティの外には、学校のある地域の社会環境や自然環境がありますし、そのコミュニティにはより大きな歴史や文化の遺産があり、その文脈で自分自身を捉え、位置づけることもできます。

このように、人が発達し成長するということは、家庭内存在から社会的・文化的環境内存在へと変化することであり、このプロセスでは社会的・文化的存在としての価値や役割や責任が付与されていき、それらは自己に内在化されていくことなのです。

この理念に従えば、クライエントが何らかのストレスや葛藤を抱えて来談するときというのは、この発達と成長のプロセスから一時的に退却したり、流れに逆行したりする時期なのかもしれません。たとえば、学校でいじめや不登校の問題が発生したとき、生徒の意志や人格の問題や家庭教育の問題に矮小化しないで、学校システムや文部行政の問題、あるいはもっと広く人びとが生きがいをもてない現代社会の問題として捉えながら、ミクロの問題をマクロ・システムの問題に定位させ、個人および環境の問題に働きかけ、そして変化させることが有効でしょう。このように、フェミニスト・セラピーは、クライエントを個人的な文脈だけでなく、社会的・文化的文脈で捉え直すことから始まります。これはコミュニティ心理学の志向する「環境内個人」につながる理念といえましょう。

■女性のライフ・サイクルから人生を捉え直すこと

多くの女性は、家族というコミュニティのなかではいつも中心的な役割を果たして来ましたが、いったんそこから離れて社会的・文化的な文脈で女性のライフ・サイクルを捉え直すということは、一九八〇から九〇年代、ごく最近になって始まったばかりです。

まず、女性の役割期待は長らく「他者の世話をすること」と考えられてきました。ケア（care）という英語を翻訳すると、さまざまな日本語が当てられますが、結婚すると、まず配偶者を世話（care）し、次に子どもが生まれて、子どもを養育（care）し、家族員が病気になれば、病人を看護（care）し、高齢の実父母や義理の父母を介護（care）します。ケア役割は、まるで女性の専売特許のように考えられてきました。

しかし、最近では、男女雇用機会均等法や男女共同参画社会の考え方が浸透しはじめ、男性の看護師や保育士が増えてきたり、逆に女性が建築士や運転手などとして活躍したりするようになってきました。それでは、なぜ今までは、ケア役割は女性のものとされて来たのでしょう。それはフロイトやエリクソンやピアジェたちが、男性の発達を基本にした発達理論や発達概念を作り上げてきて、女性の発達は男性の発達を援助するもの、補助するものとして来たからです。

たとえば、レヴィンソン（一九七八）[10]は、成人前期において、男性にとって重要な人物は、良き指導者と特別な女性、または援助者であると述べています。そして、その人びとが男性を勇気づけて、英雄にしたり夢を適えさせたりするのです。このように女性は、いつも「過渡的人物」であり、男性の成功という目的のための手段でしかない面がありました。また、『人生の適応』という興味深い書を著したヴァリアント（一九七七）[18]は、高い成功を修めているハーバード大学の卒業生を対象にした研究で、仕事に集中し、他者との愛着を最小限にするという適応方法によって、男性の成長や成功はもたらされるとも言っています。

さて、人間の発達・成長、すなわち男性の発達・成長は、「分離」「個体化」「自律」のキーワードによって説明されてきました。男の子は幼児期早期から人に依存せず養育者からも早く分離し、自己というものを確立し、人に依存せずに自律すべしと言って育てられ躾けられてきました。ところが、女の子が人に依存せず自分で何でもやったり、自己をもって自分を主張したりすると、「可愛くない」とか「わがままだ」とか言われて評価されません。

女性の発達・成長は、男性との関連で、「愛着」（アタッチメント）、「相互依存性」「世話」などのキーワードによって説明されてきました。ところが、この「個の自律」という男性の発達・成長理論に対して異論を唱えたジーン・ベーカー・ミラー（一九八六）[12]は、「生きることと発達することのすべては、自分と他者との関係のなかでのみ生じるのは明らかであるのに、これまでの発達理論は根本的に、発達が他者から分離する過程だとの認識にもとづいているようだ」と述べ、女性の発達・成長の視点は「関係性のなかの自己」(self-in-relationship) であると言いました。これは人がいかに他者とつながり、その相互作用のなかで成長し、自己を確立していくかということを示しており、換言すれば、他者に対する共感性や相互関係性を含む間主観的関係性のなかでこそ、女性は発達・成長を遂げていくのだということなのです。

ところで、ライフ・サイクルに関しては、エリクソンの八段階説が有名ですが、人間の結合については、人生の第一段階の「信頼と不信」で取り上げられて以降、六段階の「親密性と孤独」までまったく扱われません。エリクソンは、成人に至る前段階での人生の課題を、関係性と個体性、恥や疑惑と自律性、罪と主導性、劣等感と勤勉さ、役割の混乱とアイデンティティ、というように対比させて提示しています。なお、エリクソンのいう「アイデンティティ」とは、自分の家族を離れて「自己」(セルフ) の感覚を身につけることなのです。

この対比を見て明らかになることは、対の前者より後者の課題に優位性が認められますし、後者の課題こそが男性の達成すべきものだというのがすぐ分かります。さらに、残念なことには、前者が女性の個人的な特性と見なされやすく、恥、疑惑、罪、劣等感、役割の混乱は、健全なアイデンティティの獲得には有害だと見なされて来ました。人生の最後の段階においてさえ、エリクソンは自我統合と絶望を対比させ、成長における関係性の側面より個人的側面を重視しています。

このように、自律性、主導性、勤勉さ、家族から離れた明確なアイデンティティなどの特性は、エリクソンの理論では理想的な特性だと考えられますが、女性の理論家や実践家たちは、これらが人間

郵便はがき

料金受取人払

小石川局承認

3194

差出有効期間
平成18年5月
25日まで
（切手不要）

112-8790

（受取人）

東京都文京区大塚3−20−6

㈱誠信書房 行

電話 03-3946-5666／FAX.03-3945-8880

http://www.seishinshobo.co.jp/

●ご購入ありがとうございます。今後の企画の資料にさせていただきますので、ご記入の上、ご投函ください。

フリガナ		男・女
ご氏名		歳
ご住所	〒□□□-□□□□	
電話	（　　）	
職業または学校名		

新刊PR誌（無料）『誠信プレビュー』	a. 現在送付を受けている（継続希望） b. 新規希望 c. 不要	総合図書目録（無料）	a. 希望 b. 不要

●愛読者カード

書　名（お買い上げの本のタイトル）

1 本書を何でお知りになりましたか

① 書店の店頭で（　　　　　　　　　　　　　　書店）
② 新聞・雑誌広告（紙・誌名　　　　　　　　　　）
③ 書評・紹介（紙・誌名　　　　　　　　　　　　）
④ 小社の新刊案内（誠信プレビュー）・図書目録
⑤ 人にすすめられて　⑥ その他（　　　　　　　　）

2 定期購読新聞・雑誌をお教え下さい（いくつでも）

- 新聞（朝日・読売・毎日・日経・サンケイ・その他）
- 週刊誌（　　　　　　）　• 月刊誌（　　　　　　）

3 本書に対するご意見をお聞かせ下さい

1. 装丁について	良い	普通	悪い
2. 価格について	安い	普通	高い
3. 内容について	良い	普通	悪い

4 本書についてのご感想や小社へのご希望などをお聞かせ下さい

の健全な成長には必ずしも有効とは言えないと言っています。彼女たちは、ライフ・サイクルのどの段階においても、個人的側面と人間的側面とを統合することが重要で、これを評価しない理論や実践は、人間の発達や成長をひどく歪めることになると警告しています。

■クライエントの自己主張を促進すること

フェミニスト・セラピーが誕生した頃は、女性が自分の意見や感情を述べたりすることは「女らしさ」に反するため、多くの女性はそれらを抑圧したりあるいは意識化さえできなかったりしたのです。フェミニスト・カウンセラーの川喜田好恵（一九九四）[7]は、「〈女らしさ〉には、率直、よく気がつく、受身、人を立てる、相手の心に敏感、相手に譲るなど、一人前の人間として社会のなかで生きてゆくというよりは、人の世話をしたり、ペアになって、指示のもとで動く潤滑油のような性質が含まれる」と述べていますが、このような女らしさに生きることを不自由と感じたり不都合と体験したりする女性たちが、自己主張訓練（AT＝アサーション・トレーニング）と称して、自分の考えや気持ちを自己肯定的に表現する技法を開発しました。それから二、三十年間、ATは盛んに実践されてきましたが、男女共同参画社会の実現や女性の社会進出などで、以前ほど重要視されなくなっているように見えます。

しかし、女性の生きにくさは、以前にもまして複雑化して見えにくくなっており、その分だけ事態は深刻だと言ってもよいかもしれません。今ではATが、必ずしもフェミニスト・セラピーの専売特許ではなくなっていますが、フェミニスト・セラピーにおけるATのオリジナリティは、攻撃的な強い自己主張ではありません。自分も相手も相互に尊重し合いながら、率直に自己表現したうえで交渉するコミュニケーションの技法といえるかもしれません。本来は十人以内の小グループで行ない、ロールプレイを中心にして、相互に感じたものをフィードバックし合うやり方ですが、セラピーのなかにも積極的に取り入れることができます。

■**クライエントをエンパワーメントすること**

フェミニスト・セラピーが、CRやATなどのグループワークをその発生母体としていることからも分かるように、当事者の自己表出やそこから生まれる気づき、当事者同士の支え合いやエンパワーメント（能力を引き出し、権限を付与すること）、さらには社会的・文化的環境への変革など広範にわたります。

このなかでも特に重要なのは、エンパワーメントの概念で、これは自助グループはもちろんのこと、集団セラピーや個人セラピーのなかでもしばしば有効に利用されます。エンパワーメントを精神医療の分野で、自助グループとの関係で述べたのはラパポート（一九八一）[13]です。彼は人間を身体的・精神的ハンディをもつ者、ニーズの欠損している者、人間的権利を剝奪されている者などと規定して、保護したりサービスを提供したり、「ノーマライゼイション」（標準化）したりする従来の考え方は間違っているということを言いました。

すなわち、自助グループというシステムのなかで、より完全な人間として「本来もっている力を獲得すること」つまりエンパワーメントされ、そこで自らの問題を自覚し、自らの力で解決し、人生の真の意味を発見していくことだと言います。このように、エンパワーメントの概念は、外から力を付与するのではなく、本来人間がもっている力を本来の姿に戻すという意味があり、さらにはその力を発揮できなくしている外的な阻害要因を除去していくことでもあるのです。

さらに、ジンマーマン（一九九五）[20]によれば、個人・組織・コミュニティの三つのレベルのエンパワーメントがあり、個人内だけでなく組織や地域社会への働きかけも含まれ、社会の差別や偏見と戦ったり、政策立案に参加したりするなど、前述のフェミニスト・セラピーおよびコミュニティ心理学の理念にもつながってきます。

■クライエントをアドボケイト（権利擁護）すること

フェミニスト・セラピーは、「個人的なことは政治的なことである」を基本理念にしていることからも分かるように、個人治療から社会治療へという大きな潮流を作ってきました。そのなかでクライエントを政治的・社会的に支援するアドボケイト活動は、非常に重要なものです。ドメスティック・バイオレンス（DV＝家庭間暴力）を例にとります。

年来の夫からの暴力にさらされて来た女性は、一時的に緊急にシェルターで保護されます。その後にクライエントであるその女性がシェルターから出てコミュニティで生活する場合に、まず障害になるのは、ストーカー的な夫の存在です。法律によって規制してもらうには、警察や裁判所に出向いて申請書を提出しなければなりませんが、そのときクライエントの安全を確保するために、セラピストあるいは支援者の同行が必要になります。

次に、裁判所からすぐに裁定が出て、夫の行動規制が行なわれれば良いのですが、事態が複雑になってくると、弁護士の協力を得なければならなくなり、DVを手がけている弁護士を紹介したり、法律扶助協会に行き弁護費用の扶助を願い出たりします。また、離婚の問題やそれにまつわる子どもとの面接交渉権や親権の問題なども、時間のかかるストレスの大きい問題です。できるだけ多くの人びとの知恵と工夫と経験を生かした協力で乗り越えるように援助します。

このようにセラピストは、さまざまな機関や人びととネットワークして、それらをマネージメントする要の役割を担ったり、支援のキーパーソンになったりしないといけません。そういう意味では、セラピストは心理臨床家以上に、コミュニティ心理学やソーシャルワークに精通していることが必要で、フェミニスト・セラピストはネットワーク・フットワーク・ヘッドワークを自在に駆使できるタフな女性でなければならないというイメージがあります。が、決してそうではありません。なぜなら、このような仕事ぶりをしていると、対人援助職につく人が陥りやすい燃え尽き症候群（バーンアウト・シンドローム）が待っています。セラピストは、自分一人で仕事を抱え込まないで、人に任せたり、人を上手に使ったり使われたりして、自分のメンタルヘルスを健康に保つことが、クライエントの健康な生活にも繋がるのです。

1章 女性と鬱《うつ》

1　事例提示〈やり手デザイナー社長の孤独〉

■弟との共同事業の失敗と喪失

ここで紹介するAさんは、最愛の弟を気持ちのなかで喪失し、生きがいであった仕事を喪失するという二重の喪失体験をして、生きる張り合いをなくし、死ぬことばかりを考えるようになった心因性鬱病の女性です。

Aさんが弱々しい声で電話をかけて来られたのは、X年の正月明け間近です。「会社はつぶれ、残務整理の仕事にも手が付かず、何もかもだめになってしまったんです」という悲痛な訴えから始まりました。電話をしたのは、以前に筆者が書いた『ストレス・ストーリー』という新聞の小さな連載記事を見た母親が、相談に行くことを勧めたためでした。

電話の次の日にお会いしてみると、お化粧や身繕いはきちんとしていて、話も要領良くまとまっていて、表情の動きが乏しいことと、はらはらと落ちる涙が止まらないことを除いては、不自然さや取り乱した所はまったく見受けられませんでした。四十八歳の現在まで、思いどおりの人生をまっしぐらに突き進んできたのですが、人間関係のトラブルがきっかけとなって、精神的な落ち込みがひどく、立ち直りのきっかけを摑《つか》めないままに一年が過ぎていたのです。

Aさんは大学を卒業して約二十五年、ニット婦人服のデザイナーとして、押しも押されもしない第一人者の位置を守り続けて来ました。彼女が心を込めてデザインし、糸や染色を一つひとつ自分で吟味し、糸の縒《よ》り方を細かく縒り手に指示し、何カ月もかけてできあがったニット服は十万円から二十万円を下らないと言います。Aさんの創作するニット服は、いわば一織り一織りに彼女の魂がつぎ込まれていると言っても良いのです。さらにAさんには、固定客がついていましたから、売れるかどうかの採算は度外視してもよく、ある意味ではお嬢様稼業だったのかもしれません。

高級ニット服のために、結婚を具体的に考えることもなく、人との付き合いもほどほどにして、仕事のためにだけ人を利用して来たと、今は自責的過ぎるほど反省しています。身内を利用するという意味でも同様です。不動産会社の社長であった実弟を、十年前にAさん自身の会社設立のために、営業と経理担当に強引に引き抜いてしまったのです。妥協を許さない芸術家タイプ（昔気質の職人タイプも兼ね備える）の姉、対照的に人への気遣いと心優しさとで姉をカバーする弟、このコンビはしばらくは順調に行きました。

ところが、姉から見ると、弟は優しさだけが取り柄の坊やで、商売に対するハングリー精神に乏しく、営業などもおざなりで、姉のストレスは徐々に高じ、二人の間の感情的な溝は深まる一方でした。ついに二年前に、姉が弟を解雇する形で、二人の関係は終わりを告げました。以後、いっさい弟とは音信不通で、一〜二回、弟の仕業と思われる脅迫まがいのお金の無心がありましたが、匿名でしたので本人かどうか定かではありません。

弟を失って初めて、Aさんはどれほど弟に助けられ、商売が順調に行っていたかを思い知らされました。実際に、営業や経理の仕事をやってみると、弟がやっていた以上のことはできず、それどころか経営はどんどん悪化して行き、半年後には店を畳むところまで追い込まれました。

その頃からAさんは、弟にした自分の仕打ちの酷《ひど》さに、自分を人非人として責めさいなむ日々が始まりました。心底から謝罪して、もう一度戻ってほしいと伝える手立てもなく、Aさんはどんどん落ち込み、仕事をする意欲も気力もなくなり、まるで後悔ばかりの魂の抜けた廃人のようになってしまいました。

「寂しい、虚しい」「鬱で体がばらばらになる感じ」「何をしても自信がもてない」「先がない、いっそ死んでしまいたい」など、深刻な訴えが二、三カ月にわたって続き、週一回の五十分面接は、ハンカチとティッシュペーパーを手放せない状態でした。

■自分のなかに父親の似姿を見る辛さ

Aさんは、兄と弟に挟まれた一人娘で、父親からは男勝りの性格を見込まれて大事にされました。Aさんも父親を絶対と思ってモデルにして来たのです。父親は何事でも勝ち負けにこだわるタイプで、ときに相手を挑発しながら、ときに蔑《さげす》みながら、それをバネにして勝ち進んで来た人なのですが、気がついてみるとAさん自身も、父親とそっくりの人生を歩んでいたのです。

また、父親は無自覚に母親や周囲の人を傷つけてきたのですが、Aさんも同じように、今回弟を傷つけ弟の人生を台なしにしてしまったのです。父親よりは周囲の人への気遣いはできますし、摩擦が起きないように上手くできますが、本心からやっていることではないのです。

「わたしは、本当に優しさや愛情のひとかけらも持ち合わせない人非人なのです」と自分を責め続けました。心を許せる友人は一人もなく、人と一緒にいても楽しいと感じたことはなく、とりあえず付き合っているだけの関係でしかなかったのです。

今回初めて、今まで感じたことのない独りの寂しさや孤独感がひしひしと迫って来て、これが永遠に続くかと思うと、気が狂いそうに辛いのだと言います。今までは、父親的な生き方を良いものとして、何の疑問も感じないAさんでしたが、弟のことに直面して初めて、人間としての感情を取り戻し、「もう手遅れだと思いながらも、このことを考えて行きたいと思います」と語るのでした。

■わたしも人の優しさを感じられる

Aさんが初めて落ち込んで鬱状態になったのは、二十五年前に失恋したときでした。今から思えばそれほど熱烈な恋愛ではなかったのに、別れてからなぜか気持ちがふっ切れなくて、自分がこんなにも人に執着するのかと不思議に感じたと言います。

半年近く鬱うつとして過ごし、そのときの気持ちをいい加減にして、心の整理をしなかったつけが今こんな形で出ているように思うと、彼女は言います。たしかに今、弟を失って感じている寂しさや辛さは、二十五年前に心のなかに閉じ込めてしまったそれとよく似ているかもしれません。

面接が始まって六カ月ほど過ぎた頃から、弟への思いが、実は「姉弟愛」を越えて、恋人への「恋愛感情」に近いことに気づき始めました。そう気づいたからといって、寂しさや抑鬱気分が軽くなるものでもなく、もとよりこのことに気づかなければ、こんなに寂しく辛い思いをしなくてすんだものをと思うこともしばしばでした。

あまり辛いので、この頃、ある宗教に入信しましたが、本尊を拝んですがることさえできず、また、病院に通うことも差し止められて、身動きが取れなくなってしまいました。しかしカウンセリングに通うようになって、過去を語ることは辛いけれど、話していると、「もう一度やり直してみよう」という気持ちになり、相手や自分の気持ちを見つめ、だんだん元気になれるような気がすると言えるようになったのです。

会社は完全に倒産したわけではなく、細々と続けていました。昔のお客さんからは、春や秋の新作展示会で作品を発表してほしいと期待され、出品しなければ会社を継続できないこともあって、Aさんは再開を決心するのですが、新しいデザインを創造する意欲や気力が起こらず、今までもっていた自信やプライドもすっかり消え失せていたのです。

セラピストとしては、ここが転機とばかりに、最低ラインでやってみることを強く薦めました。それでもなかなか本腰が入らず、「一緒に喜んでくれる弟もいないし、頑張れば弟が戻ってくれるという保証もないし……」と、愚痴とため息の日々がかなり続きました。

弟のいない寂しさと未練は断ち切りがたく、それでも、自分で自分を少しずつ奮い立たせ、徐々にエンジンが掛かってきました。パートの女性たちに助けられ、昔なじみの問屋さんに力を貸してもらい、何とかAさんなりに展示会を乗り切ったのです。

その後も、昔の仲間が電話をしてきて、仕事を回してくれたり、彼女の作品を一緒に売り歩いてくれたり、陰に陽に助けてくれるのでした。パートで雇った近所の主婦からも、「ここに来ると、ホッとする」と言われ、人の優しさ温かさを肌身で感じられるようになってきました。

このような変化のなかで、一つ問題がありました。自分の都合だけで働くパートを辞めさせたいのだけれど、弟のことが外傷体験になっていて、断われないのです。振り返ってみると、Aさんの人間関係のパターンは、最初は人とうまくやっていても、最後に自分の感情をぶつけて、相手の怒りと恨みを買って関係を終わらせるという繰り返しだったのです。感情的にならずに、相手の人格を傷つけずに、上手に断わったり意見を言ったりすることは、彼女にとって至難の業でしたし、そうしたいとも思わなかったのです。

そこでこの件について、セラピーの場面で何回かリハーサルをしました。その甲斐もあって、冷静に相手が納得ゆくように断ることができたのです。さらに、一カ月後に、「もう一度勤めさせてほしい」と、その人が戻ってきたというおまけまでついてきました。人との関係が、壊れずに修復できたのも初めての体験になったのです。

「やっと生き延びることができそうです」と、二年ぶりに彼女の顔に笑みが戻ってきました。「嬉しさが二倍になり、苦しさが二分の一になるパートナーがほしいですね」と、初めて人との親密な関係を求めるAさんの言葉に触れることができました。

「でも、そういう人に巡り会っても、弟と比較してしまいそうで怖いですね」と、ちょっぴり辛い本音までこぼれました。

■母親との穏やかな関係の回復

センター来所のきっかけを作ってくれたのは母親でしたが、Aさんはその頃、母親への不信感が強く、心遣いをそのままの形で受け取ることができなかったのです。Aさんの母親は、身勝手で横暴な父親に振り回されながらも、外見を取り繕って、明るく陽気に振る舞っていました。Aさんの記憶では、母親は兄や弟の世話は良く焼いていたのに、自分はまったくかまってもらえず、Aさんにとって母親は遠い存在だったのです。

今、自分が、攻撃的で挑戦的な父親そっくりだと気がつくと、今までの当たり障りのない母親の態度は、父親や自分のような激しい人間から身を守る、母親なりの対処方法だったのだと理解できるようになったのです。母親に対しては、もう以前のような批判的な態度は取らずに、自然でありのままに振る舞えるようになったのです。それによって、今まで知らなかった母親の純粋さや、愛ある強さや穏やかな明るさがどんどん見えて来ました。

「絶対、姉とは一生会わない」と固辞し続ける弟との関係を修復するために、母親なりに和解のチャンスを作る努力をしてくれました。また、今までは、決してこぼさなかった父親への愚痴なども、Aさんに漏らすようになり、「もし私が独りになったら、あなたのそばに住みたいわ」と言ってくれたと、Aさんは涙を浮かべて報告しました。

母親の疲れている姿を見ると、行きつけの気功の先生の所に同行したり、一緒にショッピングなどをしたりして、普通の母と娘の楽しみ方ができるようになったのです。このように母と娘が、お互いに頼り合ったり一緒に過ごしたりすることが、お互いの安心感につながり、この母親との穏やかな関係こそが、Aさんのこの上もない精神的な支えとなったのです。

■新しいライフ・スタイルの獲得

セラピーは二年弱続きましたが、Aさんはそのなかで今までの人生を振り返り、これからの新しいライフ・スタイルをほぼ摑《つか》んだようです。

Aさんのこれまでの人生は、寝ても覚めても仕事で埋めつくされ、Aさんはその生き方に何の疑問も不満も感じないで過ごして来ました。デザイナーとしてのチャレンジ精神をバネに、新しい作品を創造して、人を組み伏せてでも納得させて商業ベースに乗せて行こうとする男勝りの生き方だったのです。自分のデザイナーとしての力量に過大な自信をもち、前進あるのみの仕事ぶりは、男社会にあって仕事に殉じる企業戦士を妨彿とさせるものでした。

Aさん自身は、間違いなく仕事に采配をふるう主人ですが、逆に仕事にこき使われる奴隷でもあり、パラドキシカルな人生でもあったのです。自分の思いのままに振る舞い、それを理解しない人は切り捨てて顧みないというのが、Aさんの過去の生き方でした。ですから、Aさんの歩んだ道の後には、怒りと怨念と苦しみの呻《うめ》きが残され、実弟の無念も置き去りにされるところでした。

しかし、Aさんの体と心が、鬱病という形で警告を発してくれたお蔭で、今までの人生で一度たりとも感じたことのなかった、寂しさと哀しさと孤独感が彼女を襲い、人生のすべてであった仕事に意義を見出せなくなり、何事にも積極的に立ち向かえなくなったのです。

過去を振り返る作業は、自分の心にメスを入れ、癒やすことですが、血と涙なしには行き進まなかったのです。特に、父親を批判することは自己批判に繋がり、母親に助けを求めることは、今まで母親に抱いていた混沌とした感情を分析し直すことでした。

しかし、このプロセスを通じて、Aさんは自分自身や仕事に集中していたエネルギーを、身内や他人に振り向けるようになり、周囲の人の感情や思いに徐々に触れられるようになりました。

2　女性にとっての鬱《うつ》とは？

■鬱を引き起こす時期とライフ・イベント

女性たちは、さまざまなストレスを身体で表現したり、鬱などの気分の落ち込みという形で表現したりすると言われています。女性のライフ・サイクルにおいては、鬱状態を呈しやすい時期やライフ・イベントがあります。

まず時期ですが、誰でも思い浮かぶのが中年期で、その典型例が「更年期鬱病」と言われるものです。これは、黄体ホルモンと卵胞ホルモンのバランスの変化によって引き起こされ、あくまでも体内のホルモンの変化が最大の引き金です。ところが、この一見、身体病と見られる「更年期鬱病」でさえも、その訴えに良く耳を傾けてみると、非常に心理的な部分をもっているのが分かります。

更年期というのは、閉経前に身体に起こる嵐のようなものですが、人によっては「もう自分は女性ではない。子どもも生めなければ、夫や男性から関心を向けられる対象でもなくなる」と思いつめ、自信喪失やアイデンティティ・クライシス（自己同一性の危機）を起こし、この心の嵐が鬱状態を引き起こします。

さらに、ホルモンの関係で起こる鬱病にはもう一つあって、若い頃の出産をきっかけにして起こる

「マタニティ・ブルー」と言われるものです。出産によって、ホルモンのバランスが大きく損なわれるのですが、鬱状態になると誰でもマイナス思考が強くなり、「本当に自分はこの子を育てられるのだろうか」「泣き続けたり、かんしゃくを起こしたりするのは、育て方が悪いせいなのだろうか」などと、自罰的になって自分を責め、ますます鬱病が昂じます。

一方、ライフ・イベントが引き金になる鬱病で女性に特有のものは、「引っ越し鬱病」と「空の巣症候群」（エンプティ・ネスト・シンドローム）が挙げられます。

長年の夢であった「自分の家を持つこと」が現実になり、期待に胸膨らませて引っ越しをしたとたん、大きな引っ越し荷物を前にして、何もできなくなるのです。「こんな家を買わなければよかった」「ローンを本当に払えるだろうか」などと思い悩み、何も手につかず寝込んでしまいます。

また、「空の巣症候群」は、心血を注いで育てて来た子どもたちが成人して、次々に親元を離れて行き、最後の子どもが独立して家を出て行ったとたん、残された母親にしばしば起こるものです。本来ならば、子どもが一人前になったことを喜ぶべきなのに、空っぽになった家のなかで鬱うつとして独り残された悲哀を感じ、何にも手が付かなくなるのです。

この二つの鬱病に共通の心的イベントは、「新しい家を買う」とか「子どもを立派に育て上げる」という掲げるべき立派な夢や目標があり、そのために努力して来た結果、いざ現実になって実現してみると虚しさを感じ、荷下ろしによる虚脱状態に陥ることです。言い方を変えれば、努力が実を結んで夢や目標を喪失した状態、あるいはエネルギーを注いで来た対象を喪失した状態と言えます。

■鬱と喪失体験

ベックは、『認知療法と感情障害』(一九七六)[1]のなかで、鬱状態を睡眠、食欲、性愛欲動などの「自己保存本能」や、他人に対する関心、愛情、愛着などの「社会的本能」が消失した状態であると述べています。

そして抑鬱患者には、「世界に対する否定的な考え」「自分自身に対する否定的な概念」「将来に対する否定的な評価」という三つの認知障害が特徴的であり、これらの認知障害をもたらすものは、抑鬱患者にとっての心的外傷とも言える喪失体験であるのです。具体的には、かけがえのない人、大切な物や財産、健康、若さや魅力などであり、それらは病気になる前から、彼女らにとって最高の価値をもつものでした。だからこそ、それらが失われることは悲しく衝撃的で、生きる意欲さえ損なわせるものなのです。

Aさんの場合でも、彼女にとっての最高の価値は仕事でしたし、自分の会社を設立させるためには、相手の事情にお構いなく、弟さえ、引き抜いたりお払い箱にしたりするなど朝飯前のことでした。ところが、弟を失ってみて初めて、弟というかけがえのない人を失うことは、かつて恋人を失ったときと同じような、耐え難い体験であることを思い知らされたのです。

この喪失体験は、彼女を支えてきたと思い込んでいた世界や自分自身や将来に対するすべての価値観を根こそぎにしてしまいました。仕事を中心にして、彼女の思い通りに世界は回ると考えてきましたが、仕事の歯車が一つ狂いだすと、彼女のコントロールのできない世界に豹変してしまったのです。そうなると、この出来事の原因はすべて自分自身にあると考え、自分の欠点をあげつらっては他人と比較して、ますます自分自身を追い込んでゆくことになるのです。あれほど尊大に君臨していた彼女の姿は、すっかりしぼんでしまい見る影もなくなりました。さらに、将来に対しても、もちろん否定的なことしか浮かばず、生きていてもしようがない、自分が死ねばすべてがうまく行くなどと考えるばかりでした。

■フェミニスト・セラピーから見た鬱

それでは、なぜこれほどまでに、Ａさんは喪失体験に打ちのめされたのでしょう。このような喪失への脆弱性は、女性のライフ・サイクルのなかで、外傷的な出来事との関連から、さらには女性の育てられ方から説明することができます。

鬱状態になりやすい人は、発達の過程で親と死別したり離別したり、仲間との間で拒絶や無視やいじめを体験したりして、見捨てられ体験によって心が相当傷ついていることが多いのです。また、これほど強力な体験でなくとも、はっきり顕在化していないほかの好ましくない状況が鬱への脆弱性につながり、類似した体験がきっかけになって鬱が再燃することがあります。Ａさんの場合、母親が兄や弟をかわいがり、そのぶんＡさんへの関わりは少なかったようですが、積極的な拒否や無視はありませんでした。

しかし、セラピーのなかで友人の話題がほとんど出てこないことから推し量ると、Aさんの仲間や同年代の男女との付き合いは希薄で、彼女の心理的な支えになるような人はほとんどなく、これが上記の顕在化しない好ましくない状況ということになります。

二十三歳で失恋したときに鬱症状が出たにもかかわらず、なんでもないと自分に言い聞かせて、仕事にエネルギーを振り替えたのです。失恋体験が未消化のまま、鬱に対する脆弱性が潜在化されると、後の人生で同様な体験に出会ったとき鬱のスイッチが自動的に作動することになります。

Aさんにとって、鬱症状は、当初仕事で失敗したことが原因だと理解されていましたが、実は過去の恋人からの見捨てられ体験と喪失体験が、弟の喪失をきっかけに再燃したと理解した方がよさそうです。

次に、女性の育てられ方による影響について述べます。ミラー[6]やキャロル・ギリガン（一九八二）[3]らは、女性と男性の育てられ方の違いについて強調しているように、それぞれの育てられ方によって、その後の生き方に相違が出てくるのです。

女性は生育の過程を通して、母親との密着度が強く、良きにつけ悪しきにつけ、母親の生き方から多大な影響を受けます。そして一般的に、女性は他者との関係性を大切にするよう躾られ、自分を出しすぎたり主張しすぎたりせず、常に相手の気持ちを気遣ったり、相手をケアしたりするような生き方が求められます。情緒性・依存性・関係性などが、女性にとって他のものに優先する価値だと教えられてきたのです。

単に言葉で教えられるだけでなく、母親の生き方は身をもって娘に伝えられます。ところが、女性に伝えられるこの価値観にもとづく生き方は、相手との関係性のなかで自己を規定するという特徴をもっており、相手に合わせたり相手の評価に敏感になったりして、自分自身の価値観や評価にもとづく自己概念が育たないという欠陥をもっているのです。

したがって、相手が自分を嫌ったり相手が自分から去ったりすると、パニックを起こし、見捨てられ不安や喪失体験から鬱になることも少なくありません。このように、人間関係での喪失体験が鬱に移行するのは、この女性の育ち方や生き方から来る必然的な結果なのかもしれません。

さて、フェミニスト・セラピーが目指す鬱に対するアプローチですが、それには二つあります。一つは、女性の今までの育ちやライフ・スタイルを総点検し、自分の納得する生き方を選択することですし、もう一つは、アサーティブに生きるスキルを身につけることです。

Aさんのライフ・スタイルの選択は、まず母親のような生き方をしたくないという動機から始まります。家庭では権力者・絶対者である父親にかしずき、その不満を娘に愚痴る母親の生き方を見て、Aさんは女性としてでなく、男性としてバリバリやり、社会的な成功を収めたいと心に決めてまっしぐらに突き進んだのです。ここでAさんは、情緒性・依存性・関係性を重んじる女性の生き方でなく、論理性・合理性・自立性・目標志向性を重んじる男性の生き方を選んで人生のスタートを切ったのです。

ところで、アン・ウィルソン・シェフ（一九八七）は、『嗜癖する社会』(7)という本のなかで、女性の生き方を「リビング・プロセス」と名づけ、男性社会の価値観から生じる病理的な嗜癖プロセスと対比させています。Ａさんの職業生活三十年間の人生は、合理性と客観性で自分や他者を納得させること、良い仕事をして良い成果を残し、競争レースの勝者になることでしたが、この代償としてＡさんは、仕事嗜癖（ワーカホリック、仕事中毒）になっていたと言ってもよいかもしれません。

そこで犠牲にされたのは、直感や感性、Ａさん自身の主体性や願望、他者との関係性などであり、これらを取り戻すことは、リビング・プロセスを生きることに繋がります。そして病理的な男性社会にあって、リビング・プロセスを生きる新しいＡさんのような女性が、一人でも多く手を繋いでいくことができれば、この社会のもつ病理性は徐々に回復していくに違いないと、私たちフェミニスト・セラピストは考えています。

最後に、アサーティブに生きるスキルを獲得する「アサーション・トレーニング」について簡単に触れておきます。このアサーション・トレーニングは、「自分の表現パターンを知り、上手に自己主張したり自己表現したりする方法を、ロールプレイ（役割演技）を通して学習するもの」で、最近、女性の間で流行っていますが、いわゆる話し方教室とは違います。

具体的には、参加メンバー（三〜十人）のひとりから、うまく自己表現できなかった現実に起こった日常的な場面を出してもらい、それを短いスキットにして、役者を代えたりしながら数回ロールプレイを行ない、自分の自己表現の特徴を知りながら、上手な表現の仕方を探っていく一種の集団アプローチです。

Ａさんはビジネスの実際場面では、攻撃的に主張しすぎるタイプを自認していたので、本来のアサーティブの意味、すなわち自分も他者も尊重して、お互いにやり取りのなかで妥協点を見出していくスキルが必要なことを確認して、グループではなくセラピストとのセッションのなかで、今までしてこなかった自分の気持ちも十分に伝えながら、自己主張する方法を練習しました。

2章 女性と母娘関係の葛藤

1　事例提示〈母親からの呪縛を解く〉

■心の悩みが身体にも現われて……

Bさんは、年の頃は三十歳少し前の真面目で控えめなＯＬです。セラピーを受けようと決心したきっかけは、次のような心身症ともいえる身体の不調感です。

「最近、気持ちが落ち込んで、仕事も何もかもしたくないんです。膝や腰が痛かったり、風邪が治らなかったり、身体の何処かがいつも不調なのです。三年前に脳卒中で母を亡くしたのですが、今で

も始終、母に支配されているようで、窮屈で不自由で、早く解放されて楽しく生きたいんです」と言うのです。仕事帰りに定期的にセラピーに通うことは、身体的にも辛いこと、経済的に厳しいことで、一カ月に二回のペースでした。

Bさんは中肉中背で、どちらかと言うと華著な身体に、白いブラウスとグレーか黒のパンタロンを清楚に着こなし、冷え性のために真夏でもセーターやスカーフを手離せないほどです。髪の毛はストレートで長く、顔にはほとんど化粧っ気がなく、淡いピンクのルージュがアクセントになっていて、なかなかの日本的美人なのですが、Bさんにとっては自分には何一つ取り柄がなく、それが悩みの種なのです。

精神的にも身体的にも、病院通いするほど悪くはないようですが、年相応の若さやエネルギーが乏しく、「調子があまり良くなさそうだけど、大丈夫?」と、つい言葉をかけてしまいそうな風情です。しゃべり方にも抑揚がなく、モノトーンで、時どき涙を浮かべて「辛くて辛くて、このままではどうにかなりそうです。助けてください」と言われると、「本当にどうしようもないほど辛いんですね」と受け止めるしかなく、どんな励ましも慰めも無意味な気がして、セラピストにも無力感が感染してしまいそうです。

はじめの数回のセッションでは、彼女の言葉のままに、辛さ、苦しさ、哀しさ、苛立ち、悔しさ、怒り、恨み、孤独感などに耳を傾け、受け止めるだけでした。

ところで、彼女の辛さには二通りあって、ひとつは同僚や友人になじめなくて、いつも孤立している辛さと、もうひとつは三年前に亡くなった母親がいつも付きまとっている辛さです。そして、この二通りの辛さが、彼女の身体と精神に作用して、鬱状態と不定愁訴（はっきりしない訴えで、疲れやすさ、倦怠感、頭痛、胃腸の不快感、肩凝りなど）を引き起こしているのです。

■母親の書いた人生のシナリオを演じ続ける

Bさんは、サラリーマンの堅実な家庭の長女として生まれ、四歳年下の弟と両親の四人家族のなかで育ちました。父親や弟と同じように、特別大病はしていませんが、母親にはいつも身体のケアをしてもらっていました。

さて母親は、自分の叶わなかった夢を成績優秀だったBさんに託し、「一所懸命勉強して、一流大学に入り、良い会社に就職して、将来ある金持ちと結婚しなさい」と、いつもハッパをかけていました。Bさんは、母親が描いた人生のシナリオを勝手に押し付けられ、嫌とも言えず強迫的に勉強に駆り立てられて、好きなこと楽しいことを何一つしないで学生時代を過ごしました。

この母親とは対照的に、父親は、「子どもに学歴は要らない」「別に子どもには何も期待しない。好きにすれば良い」という徹底した放任主義で、「物事に受け身で、いいかげんな人」というのが、彼女の父親への評価でした。しかし、父親はBさんを可愛がり、母親はBさんとすべての点で劣る弟を溺愛していました。

Bさんは母親の描いた人生のシナリオに急き立てられながら、勉強して大学まで順調に進みました。小さいときから手先が器用で、一人で絵を描いたり物を作ったりするのが好きでしたから、自然の成り行きで美大のデザイン科に入っただけで、まったく彼女の希望でも選択でもなかったのです。

Bさんの悩みの種である人付き合いについては、小、中学校でも特定の友人が皆無だったわけではなく、五～六人とはそれなりに付き合っていました。中学校では演劇部、高校ではロックバンド部に所属していて、クラブ活動を通して学外の友人もできて、決して内向的で付き合い下手とは言えませんでした。

しかし、大学時代を境にして、気の合う友人がいなくなり、若者らしさを失っていき、どんどん内向的・自閉的で、孤独な大学生活にはまっていきました。一人、二人はボーイフレンドもいましたが、男性に対して恋愛感情や親密な感情が湧きませんでしたし、それがどういう感情かも分からないままに付き合っていました。

ただ、注目されたり構ってもらうのは好きで、誘われると子どものようについて行き、ベッドインしたりもするのですが、それ以上には関係が深まりません。現在もボーイフレンドはいるのですが、構ってもらったり身体を触ってもらったりするのが好きで、ただそれだけのために男性と繋がっているのだそうです。彼が別の人と付き合っていても、やきもちを焼いたり責めたりなどの感情もまったくありません。そういう感情が起こらないのも確かですが、自分には感情や意見を伝える資格がないと思ってしまうからでもあるのです。

今の職場は二カ所目ですが、大学卒業後の会社は、家からなるべく遠く離れた大自然に囲まれた環境を好んで選びました。しかし、同僚と馴染めず、すぐに東京に戻り、その後、大企業に入って現在に至っています。特に人間関係で大きなトラブルはないのですが、何年勤めても誰とも親しくなれず、つまらない毎日にうんざりしています。たまに女性の同僚から誘ってもらっても、話は弾まない し話題にはついていけないしで、そのうちその女性にボーイフレンドができて、自然にBさんは忘れ去られてしまうのです。

■母親の言葉に呪縛されて……

「どうして私は人から好かれないのかしら」「この人も、いつかは私を嫌って去って行くのだわ」これが人と付き合っているときに、彼女の頭の片隅にいつも引っかかっている科白です。

彼女なりに相手に気遣いをして、絶対人の嫌なことや傷つけることは言わないようにしていますが、実際のところ、何がどんな風に相手を傷つけるのかがさっぱり分からず、何げなく言った言葉が、相手にぐさりと突き刺さることもあって、相手からめちゃくちゃに怒られ、自分の前から相手がいなくなって始めてそれに気づくのですが、後の祭りです。

人に好かれたいと思って、お化粧や服装に気を遣ってみたりするのですが、自分に似合う服はどれなのか、自分の好きなアクセサリーはどれなのか、まったく見当がつきません。

「お前は地黒でブスだから、何を着ても似合わない」と、昔から母親に言われた言葉が、呪いのように聞こえてくるので、好きなものを選ぶことができず、立ちすくんでしまいます。たまに化粧をしたいと思っても、肌が敏感で合うものがないためと、「どんなことをしても、ブスはブス」という母親の言葉が思い出されて、投げやりな気持ちになり、泣き出してしまうことさえあります。

でも、このような外見的なことは、彼女にとって些細なことで耐えられますが、内面的なことはどうにもならず、人前に出られる自分ではないといつも思っています。

母の口癖は、「お前は気が利かないし、融通が利かない」「お前は思いやりがなく、冷酷だ」「お前は身勝手でわがままで、そのまま地を出したら嫌われるに決まっている」などでした。

ですから、いつも、「自分のしようとしていることは止めて、その逆をやれば良い」「自分の思い通りにしたら、命取りになる」と言い聞かせてきました。

■埋もれている「自分」を掘り起こす仕事

Bさんのように、自分自身をありのままに出すと、人に嫌われ見捨てられると思い込まされてきた人にとっては、自分自身を語ることは至難の業です。なぜなら、最初の数回はいろいろしゃべれますが、そのうちに自分の嫌な面ばかり話していると、自分も気持ちが萎《な》えて落ち込むし、何よりもセラピストに嫌われるだろうという恐怖心が募ってきます。

セラピストは毎回、「この時間はあなた自身を語り、本音で話せる時間にしましょう」

「あなたが感じていること、考えていること、どんな些細なことでも出して構いません」

「私はあなたを非難したり、評価したりするつもりはまったくありません」

「あなた自身を自由に出せて、母親から解放されれば、もっと楽しく楽になるはずです」などを繰り返しました。

だんだんセラピーが進むにつれて、「私は何を話せば良いのですか」「話さなければならないことを教えてください」と言い始めました。Bさんは相手が自分に期待する枠組みのなかでしか動いて来ませんでしたから、自分の意のままに自由に話すことが、どんなに大変なことかが明らかになりました。

「ロボットのように動かされてきたあなたにとって、心の奥深くに埋もれている自分を発掘する作業は、辛くて大変かもしれませんね」と、セラピストがふっと漏らした言葉に、意外な言葉が返ってきました。

「辛くて大変かもしれないという言葉を聞いて、安心しました。だって私には、その大事な仕事があるということだし、それをすれば元気になるということでしょ」と、柔らかな笑みさえ浮かべて話してくれました。そしてこれ以降、Bさんは、初めて主体的に自分を語るようになったのです。

母親の心ない一言一言が、Bさんの人格形成にどれほどの悪影響を及ぼしたのか、すでに述べました。それでは、母親は、なぜBさんにそんな酷《ひど》い仕打ちをしたのでしょうか。

「私を本当に心から憎んでいる」とずっと思ってきたBさんですが、セラピーの経過のなかで、「娘をむちゃくちゃに言うことで、母は欲求不満を解消させていた」、または「私を悪く言うことで、発奮させようとしていた」のかもしれないと考えるようになりました。

さらに、Bさんのみならず、父親にも同じように、母親はひどいことばかりを言っていましたが、Bさんからみると、父は「のれんに腕押し」で苛《いじ》めを苛めと思わず、却って喜んでいるようでした。このように、Bさんや父親にぶつけてくる言葉は、そのまま母親にも当てはまり、実は母親自身もBさんと同じくらい自信がなく、自己卑下していたのではないかと思い始めました。

「悲しいことに、母は天に唾していたのかも知れませんね」と言えるほどに、やっと母親との距離を作れるようになりました。

■母親への喪の仕事

さて、Bさんに残された大事な仕事は、亡くなった母親への喪の仕事です。

母親は三年前に、五十二歳の若さで突然脳卒中で倒れ、Bさんの看病の甲斐もなく半年後に亡くなったのです。倒れた当座は、今までの母親への恨みつらみを水に流して看病しようと決心したのですが、半身不随になって、今まで以上にわがままになった母親を介護することは、並大抵のことではありませんでした。

流したつもりのあれこれの感情が、介護しているうちに沸々と湧き上がり、ときには母親に手を上げることもあったのです。母親に対する諸々の感情は、意外にも早く母親が亡くなったため、行き場を失い、未整理のままくすぶり続け、彼女の心と身体の障害となって現われていたのでした。

特に大変な介護の間に感じたと思われる「死んでほしい願望」、もっとはっきり言えば「殺したい願望」は、あまりにも早く亡くなった母親に対する罪悪感となって、抑鬱感や不定愁訴を引き起こし、行動面では母親の言葉が耳を離れないという形で、彼女をコントロールし続けました。

セラピーでは、Bさんから、母親に「死んでもらいたい気持ち」をもったことが語られ、セラピストからは、「その気持ちは、終生コントロールし続ける母親から自立するために、当然感じるもの」と伝えられたのです。また、Bさんのように、自分は悪い人間だと思う「思考的内向性」や「思考的マゾヒズム」（被虐性）では、前向きの解決にはつながらないことも伝えました。

「死んでもらいたい気持ち」になった自分をそのまま受け入れ、母親に対する罪悪感が言語化されたときに初めて、彼女は母親の口癖であった「お前は思いやりがなく、冷酷だ」という呪いから解放されたのです。「お母さん、いつまでも私を責めないで。早く成仏して私を解放して！」。これがBさんの心からの願いでした。

2　母娘関係の葛藤とは？

■母親から分離して娘がアイデンティティを獲得する難しさ

フェミニスト・セラピーにとって古くて新しい問題は、母娘の二者関係における葛藤の修復です。それはさまざまな女性のライフ・サイクルにおいて、さまざまな形で拗《ねじ》れたり壊れたりしながら修復されて行くのです。Bさんの場合は、幼少時から思春期を経て母の死を迎えても、いまだに整理がつかないほどの大問題だったのです。Bさんのもつ思春期心性を手がかりにしながら、今までの人生で積み残して来た課題、すなわち「母親からの分離」がセラピーのテーマになったのです。

ところで、原初的には、母娘の関係はすでに母親の胎内にいる時代にさかのぼりますが、出生と同時に、暴力的で外傷的な「母親からの分離」が計られます。このような「母親からの分離」では、常に母にとっても子どもにとっても、共時的に痛みや不安が体験されるのです。

思春期における「母親からの分離」でも、母と娘は同じような辛い思いを共有します。ここで問題になるのは、多くの女性はゼロ歳児から十代に至るまで、「分離の痛み」を体験せずに、「母子のカプセル」あるいは「母子の繭」に潜んでいられることです。

男性の場合はそうはいきません。なぜなら、幼少時においてすでに、男女でその発達課題が異なり、おのずから異なる性意識や性役割で躾られ教育されるからです。男女ともに、人生の最初の三年の間に、自分を主に世話してくれる者（多くは母親）との関係において、「女の子」「男の子」というアイデンティティを確立すると言われています。

女性の場合、「母親は、自分の娘を自分により近く、自分の延長と感じる傾向にあるため、……少女は女性であるというアイデンティティを得るに際して、自分自身を母親のように感じ、そこでの愛着の経験をアイデンティティ形成の過程と融合させていくのです」。これに対して、男性の場合、「母親は、自分の息子を自分と対峙する男性と感じ、……少年は、男性であるというアイデンティティを得るに際して、母親を自分から切り離し、自分の初めての愛と共感の絆を切り落とそうとします」。

このようなエリクソン（一九五〇）[4]のアイデンティティ獲得に関する考え方は、女性としてのアイデンティティや女らしさは、母親への愛着と他者への共感能力によって培われ、男性としてのアイデンティティは、母親からの分離と個体化に深く結び付いているとナンシー・チョドロウ（一九七八）[2]は述べています。

女性のアイデンティティ獲得の発達をこのように見て行くと、Bさんの生育史は、普通の女性のものとは多少違っていたのかもしれません。まず、母親にとってBさんは、慈しみ育てる対象というよりは、叱咤激励して、自分の見果てぬ夢を託す対象として存在していたようです。あたかも多くの母親が、現実の夫では得られない理想の男性イメージを息子に託すように、この母親はBさんには理想の女性イメージを投影していました。

そして、母親の愛情を独り占めしたのは、彼女ではなく弟だったのです。出来の良くない弟は、母親の庇護の元に溺愛され、言いなりになるお人形のような存在に甘んじていたのです。Bさんの家庭では、弟が生まれるまでは両親の愛情をそれなりに独占していたのはBさんだったようですが、ある日気がついたら「王座」は弟に明け渡され、Bさんは母親からの分離と個体化をまるで男性のように強いられたのです。

一方、弟は本来女性が母親との間で体験する愛着関係をいつまでも甘受し、母親の亡くなった今も家のなかに引きこもり、社会人としての役割をほとんど果たせない、か弱い男性に成り下がっているのです。

■セラピーの場で、母親からの注目と愛情を体験すること

次に、子どもがアイデンティティを獲得していくうえで、初期の母子関係のなかで母親が果たすべき役割について触れておきます。大切なことは、母親が子どもの感じていること、すなわち喜び、恐怖、混乱、不満などを敏感に感じ取りこの高い応答性によって、子どもの心のなかを鏡のように映し出し、子どもの内的な体験を受け止めることです。

これをコフート（一九八七）は、「愛情あふれる両親から、喜びと基本的な肯定の心でもって見守られること」と述べています。初期の人格形成期には、この母親からの注目と愛情が不可欠なことは、多くの臨床家が指摘していることです。そして、ほとんどのクライエントは、それぞれに歪んだ鏡を持っていますが、この自分の歪んだ鏡を、セラピストという現実を映しだす鏡によって、修正する過程がセラピーなのです。

■母娘関係修復のための七つの提案

バゾフ（一九九一）は、彼女の著書『自分自身の世話をすること[1]』のなかで、次のような母娘関係の修復のための七つの提案をしています。

1　母親が自分に傷を与えたという事実を認めること

これは大変難しいことです。なぜなら、子どもは母親からどんなに理不尽でひどい仕打ちを受けたとしても、それに抵抗することは、自分の抱いている良い母親イメージを破壊することになり、それによって母親からの愛情を喪失し、恐ろしい罰を受けたり見捨てられたりするだろうという怖い幻想をもっているからです。Bさんも、わざわざ自分を傷つけるために、母親がひどいことを言ったりしたりするとは思えないので、自分が悪いせいでひどいことが起こるのだと自分を責めるのでした。このような逆転した悪循環を断つためにも、子どもにトラウマを与えるような母親のひどい言葉や行為は、その裏にどれほど良い意図や教育的な意味が隠されていようとも、決して許されることでも正当化されることでもないということを伝える必要があります。

2　その傷がどういう性質のものかを理解すること

Bさんの受けた傷は三種類です。まず、外見的なものでは、彼女は弟が生まれたとき、「この子はこんなに可愛いのに、お前は地黒でブスで何の取り柄もない」と母親から言われたことだそうです。この言葉の真偽のほどは確かではありませんが、Bさんがこの種のことを言われて傷ついたと記憶していることが重要なのです。

次は、性格的なもので、何か母親の意に添わないことを言ったりしたりすると、「お前は身勝手でわがままで、誰からも好かれない性質だ」「お前は気が利かないし、融通が利かない」「お前は思いやりがなく、冷酷だ」など、性格についての否定的な言葉が必ず返ってくるのです。その結果として、

Bさんに起こってくる怒りや恨みなどの否定的な感情は、ストレートに表現されるよりは、Bさんのように「体がだるくて、やる気が起こらない」「膝や腰などが痛い」「風邪が治らなかったり、どことなく不調だったり」など、鬱症状や心身症に転換されることが多いのです。

セラピーでは、身体化されている感情を言語化する作業を根気よく続けますが、どうしても表現できないときは絵や箱庭などで表現するとか、母親への「出さない手紙」を書くとか、間接的な手段を使いながら正当に言語化することがあります。Bさんの場合は、「どう表現してよいか分からない」と、初めはかなりの抵抗がありましたが、ついには介護の折にもった「死んでもらいたい」「殺したい」願望が表明されました。

3 痛みを和らげる方法を見つけること

心の痛みを和らげる方法は人それぞれに異なりますが、Bさんは整体に通って腰や膝の痛みを和らげると同時に、身体を真っすぐに整える習慣をつけることで、心のねじれや痛みも軽くなりました。また、セラピーのなかで明らかになったように、Bさんはボーイフレンドが側にいて、身体に触れてくれることが大好きでしたし、整体やマッサージで先生に身体を触ってもらい、身体を大切にケアしてもらうことも有効な方法になりました。

4 痛みを別なものに変容させるための創造的な手段を見つけること

ここでは、主に創造的手段として自然との出会いが重視されています。たとえば、散歩をして道端の小さな草花に目を留めたり、それを絵に表現したり、庭作りをしたりなどです。また、ペットと遊んだり、動物の世話をしたりなども、心の癒やしとして有効だと述べられています。Bさんは、小さいときから絵が上手で、一人黙々と寂しさを紛らわすために絵を描いたり、高校時代にはジャズバンドを組んだりして結構楽しんでいたようです。これなどは、辛い現実からの逃避の意味もありますが、母親から受ける痛みを楽しさに変容させる手段でもありました。残念ながら現在は、これらに勝る手段が見つかっていませんが、洋裁や油絵などすぐにでも使えそうな手段を持ち合わせているBさんです。

5　破壊的なパターンを繰り返さないように歯止めをかけること

母親に対する恨みや怒りを自覚し、それをもち続けることは、母親がすでに亡くなっている今となっては、Bさんにとっても気持ちの良いことではありません。そして、自分自身の人生を生きるうえで、これは必ずしもプラスになるとは限りません。いつまで母親を恨んでも、過去を書き換えることはできませんし、自分の人生の責任を母親に押し付けてすむものでもありません。Bさんがそのことに気づいたとき、新しい人生の目標として、管理職試験に合格することを決めたのでした。同じ目標をもつ勉強仲間ができて、彼と試験勉強をすることが楽しくなったのです。彼は彼女との結婚を望んでいますが、まだ結婚や子育てには自信がありません。いずれにしても、過去の母親との関係にとらわれていたBさんは、自分の人生の少し先を見据えて動き出したのです。

6　傷ついた母親に共感する努力をすること

ユングは「すべての母親は自らの内に娘を含んでおり、すべての娘は自らの内に母親を含んでいる。すべての女性はそのまた母親にさかのぼって娘に伝えられていく」と述べていますが、これは母娘の連鎖を理解するうえで重要なポイントです。娘が母親との関係でひどく傷ついているなら、それは母親がその母親によってひどく傷つけられたことを暗示しているでしょう。そして、それはたぶん女性が長い歴史のなかで、政治的・経済的・社会的・文化的に傷つけられてきたことの証しでありましょう。Bさんが、良い学校・良い会社・良い結婚と、母親から罵詈雑言《ばりぞうごん》を浴びせられながら、馬車馬のように追い立てられたのは、母親がそれらを断念せざるを得なかった傷のせいだと考えても、大きな間違いはないでしょう。だからと言って、母親の仕打ちは全面的に許されることではありませんが、気持ちに幅とゆとりが出てくれば、少しは楽な気持ちになれます。フェミニスト・セラピーは、このように非常に個人的な問題を、広い視野と社会的文脈のなかで理解し直すことであると言われて来ましたが、これが正に「個人的なことは政治的なことである」の意味なのです。以上は知的な理解ですが、ここで提案されている共感的理解について述べますと、たぶんロールプレイをしたり、母親になったつもりで、母親の物語を書いたりすることでしょう。Bさんとは、このようなゲームや架空の遊びをする時間はありませんでしたが、やればおそらく母親への共感的理解が広がったと思います。ただし、女性は、ただでさえ相手の気持ちや立場を思んばかって、理解しようとするので、やり過ぎない方が良いと言うのが私の考えです。

7 母娘関係を再建する努力をする

母娘関係の再建にはさまざまな努力が必要ですが、ここで敢えて逆説的な言い方をしますと、母親も娘も互いに欠点や限界をたくさんもっていることを確認しあって、いらぬ理想や幻想を捨て去って身軽になることだと思います。言い換えれば、あるがままに互いに向き合うことが、新しい対等な母娘関係の構築に繋がるのです。

3章 女性とアイデンティティの獲得

1 事例提示〈人生半ばにして得た女性としてのアイデンティティ〉

■今差し迫った問題はないけれど……

Cさんは、五十歳を少し過ぎた既婚女性で、社会的にもずっと仕事を続けて頑張って来た女性です。現在は家庭にも職場にも、特に差し迫った問題はないのですが、原家族（生まれ育った家庭）の問題を自分なりに今整理しておかないと、これからの人生に先送りして何かが起こるかもしれないと危惧していました。Cさんはフェミニスト・セラピーを希望されましたが、主にアドラー（Adler, A.）(1)

のライフスタイル診断と夢の分析をもとに全部で十回の短期精神療法（Short-term Psychotherapy）を行ないました。

相談に来られるクライエントには、大きく二つのタイプがあって、パニック型と自己不全型です。今ここで鬱積している気持ちを吐き出して、混乱している自分に何かアドバイスをもらいたいというパニック型と、問題の所在ははっきりしないが、このままだと何か不都合なことが起こりかねないという自己不全型であり、Cさんは後者に属すると思われます。人生半ばにして来し方行く末を考え、女性としてのアイデンティティをきちんと確立しておきたいということです。

■私の父親ってどんな人？

Cさんは四人姉兄の末っ子で、姉二人と兄がいるのに、父親はCさんに向かって「この子が男の子だったら良かったのに。この子に稼業を継がせたかった」というのが口癖だったようです。それを聞くたびに、父親の期待に添えない自分を卑下したり、父親に気に入られようとしてわざと男っぽくしたり、逆に酒のお酌などして女っぽくしたりしていました。小さい頃から、ジェンダー・アイデンティティ（性同一性）が多少混乱していたと言えるかもしれません。

Cさんにとって父親は、優しく思いやりがあり尊敬できる男性ではありますが、基本的には古いタイプの家父長で、不安や恐怖の源でもあったのです。長男や長女は別格で大切に扱われ、たとえばお菓子が目の前にあっても、兄姉より先に食べることは許されず、いつも味噌っかすの悲哀を感じて来ました。また父親は、女性が大学に行ったり職業に就いたりすることを嫌い、兄弟中で一番成績の良かったCさんは、四年制大学でなく短大で我慢させられ、結婚後に頑張って学士入学を果たしたのです。これを考えると、父親がCさんを可愛がってくれたという思い出も、兄弟全員に同じく気遣いする程度のもので、Cさんに特別の愛情を注いでくれたわけではなく、味噌っかすの女の子の悲哀を感じていたのかもしれないと回想しています。

■引っかかっていたことが夢で解き明かされた

二〜三年前のある日、Cさんが体を動かしていたら、腰のあたりに壊れかけた柵のようなものがへばり付いているのを感じたのです。そのときは変な感覚だけが残って終わりましたが、その夜に父親にまつわる夢を二つ見ました。

一つは先祖のお墓を訪ねる夢で、塔のような所で曾祖父の戒名を書いてあるお札を探すのですが、どうしても見つからず途方に暮れている夢です。もう一つはそのすぐ後に見たもので、縁側に父親が座っていて、「お土産を何にしようか」とあれこれ相談している夢でした。この夢を見た後で、Cさんは昔住んでいた界隈を散歩してみますが、昔の家屋敷は跡形もなく消え去り、「兵どもが夢のあと」でした。夢に現われた父親は、六十歳ぐらいでさっぱりと身奇麗にしていましたが、その年齢だった実際の父親は、脳血管発作のため半身不随になっていて、自分のことが何も出来ないだらしない老人でした。

セッションで夢について丁寧に解き明かして行くと、次のことが分かって来ました。まず、「壊れかけた柵」というのは、病いで不自由な体になった父親の象徴であり、「柵が自分の腰の辺りに倒れかかっている」のは、昔父親がCさんに託したがった稼業とその重みを、彼女は今でも無意識に感じているのだと考えられました。だからこそ、その夜の夢でCさんは先祖捜しの旅に出ているのです。ところが、かつては塔のようにそびえ立って盛んだった家も、曾祖父のお札も探せないままに訪ねることが出来ません。その彼女の淋しい気持ちを癒やしてくれたのは、縁側に凛として座っている父親であり、屈託なくお土産を何にしようかと相談できる父親だったのです。

セラピストは彼女に、夢のなかで父親と再会したときに起こった感情を尋ねましたが、なかなか言葉にしにくいようでした。最後にやっと、「父親と対等に話が出来て良かった」とぽつりと語り、長年の荷下ろしが出来たかのように、Cさんの顔にほっとした柔らかい表情が浮かんだのでした。

■姉たちとの凄まじい葛藤劇

父親への気持ちの整理が出来た後も、Cさんの兄姉に対する心の葛藤は長く尾を引いていました。八歳年上の長姉は、誰もが認める美人で、また家が盛んだった頃に生まれた初めての女の子だったため、「蝶よ花よ」と下にも置かぬ育てられようだったと聞かされています。また、三番目の長兄も推して知るべしで、一家の跡取りとして別格の扱いを受けて育ったようです。そういう訳で、次姉とCさんは余り者として、時にはこっそりと同盟を結んだりして、心を通わせていたのです。

このような同胞間葛藤や複雑な家族関係を知るうえでは、アドラーのライフスタイル診断が有効と思われたので、同胞との競合関係についての質問と早期回想を実施しました。早期回想では、三つの物語が思い出されていますが、第二話と第三話で兄姉に関係した出来事が回想されています。第二話は「おばあちゃんがおはぎを作ってくれたので、食べたいと言ったら、〈お姉ちゃんが帰ってくるまで待ちなさい〉と言われた」という思い出で、自分を一番と思ってくれない悔しさが表明されています。これこそ、自分は余り者の味噌っかすという意識を際立たせた思い出と考えられます。

第三話は「三人姉妹は、お祭り用の洋服を誂えるために、月々貯めたお金で素敵な服地を買ったのに、できあがった私の服には買った服地が少ししか使われていなかった。怒り狂った私は、絶対にその服の袖を通さないし、お祭りにも行かないし、家中の卵を全部壊してやると荒れまくった」という思い出です。Cさんはいつも、末っ子で損ばかりしていて、一人前に扱われていないという思いが人一倍強く、このときは思いっきり、日ごろの不平不満をぶちまけたに違いありません。この直後のセッションでは、そのときの服のデザインまで詳細に書いて持って来られ、平等に扱われなかった悔しさと「ごまかさないでよ」という怒りが、改めて再体験されたのです。その後、数回のセッションでは、もっぱら兄姉の話に終始し、性格の違いなどが生き生きとしたエピソードを交えて語られました。

このプロセスでの最大の収穫は、Cさんから見れば長姉が一番可愛がられていたと思っていたのに、実は姉自身はお手伝いさんに育てられ、母親に面倒を見てもらえなかった不満を、妹や弟たちにぶつけていたらしいということでした。しかし、事実はどうであれ、それは自分が解き明かすべき課題でもなく、自分が負うべき責任でもないと割り切れるほどに、Cさんが成長したことを示すエピソードでした。

■家族の相剋《そうこく》から解放されて自分自身を育む

女性がアイデンティティを探る過程で、必ず登場するのが母親とのことですが、Cさんの場合これが希薄です。早期回想でも、母親にまつわる直接の思い出はなく、親に内緒で近所の女の子と子犬を飼って世話をしていた思い出が、僅かにそれに当たると言えるかもしれません。短期精神療法が終わりに近づくにつれて、Cさんは母親とのエピソードを少しずつ思い出してきました。Cさんが教員として独り立ちしたとき、一番喜んでくれたのは母親であり、見合いに失敗したとき、「どこかに合う人がいるわよ」となぐさめてくれたのも母親だったと言います。このように、控えめで温かく育んでくれた母親イメージが、懐かしく再体験されています。

最後のセッションの日に見た夢は、次のようなものでした。夢のなかでCさんは、小学生の男の子を預かったのですが、この子はどこか固まりそうで泣き出しそうで、とても心配だったのを覚えています。Cさん自身はおんぶしてもらった記憶がないのですが、その男の子を抱き上げておんぶしてあげたら、自分の背中がだんだん暖かくなり、男の子も柔らかくなって、「あー良かった」とほっとしている夢だそうです。

この男の子は、いろいろなものを象徴しています。まず、過去のCさん自身で、兄姉の間で割りを食って生きて来て、固まりそうな泣き出しそうな子どもです。この子どもを抱き上げておんぶして、柔らかくなるのを見届ける過程が、Cさんと一緒に歩んだセラピーの過程だったのかもしれません。それから、男の子はこれからのCさんです。小さいときに子犬を育てたように、Cさんという母親を得て、この男の子は成長して行くでしょう。ある意味では人に頼るのではなく、自分で自分自身をケアしてゆく、母親と男の子が互いに感じ合いながら育んでゆくイメージかもしれません。またユング的な解釈をしますと、この男の子はCさんのなかにある無意識の理想の男性像「アニムス」かもしれません。父親との葛藤がいくらか整理された今、やっと「アニムス」が小さな男の子として登場したのかもしれません。いずれにしても、寂しかったり突っ張ったり癇癪持ちだったりしたCさんから、子どもやら分身やらアニムスやらが飛び出して来て、Cさんをこれからも豊かに大きくしてゆくだろうと予感させる夢です。

2　ジェンダー・アイデンティティとは？

■従来のアイデンティティの考え方

アメリカからわが国にフェミニスト・セラピーが導入されたのは、一九八〇年だと言われています。女性のための相談室がオープンした当初は、主に三十歳代から五十歳代の主婦たちが、自分らしい生き方を求めて来所しました。多くの女性は結婚して子育てをして、三十歳代後半を過ぎると、ふと「夫は仕事が面白くて企業戦士になりきっているし、子どもは子どもで自分たちの世界を作って親から離れようとしているし、私の人生はこれで良かったのだろうか」と自問して、エンプティ・ネスト・シンドローム（空の巣症候群）に陥っている自分に気づき始めます。さまざまな生き方を模索してみると、精神的にも経済的にも自立して自分の道を歩くということも、それほど現実離れしたことでもなくなっているようでした。なぜなら、その頃はまだわが国に経済力がありましたし、国連婦人年や男女雇用機会均等法の成立などが、女性の労働市場への参入を容易にする風土を作っていました。ここで中年の女性たちは、職業生活も含めて、自分のアイデンティティの問題に取り組むことになったのです。

ところで、アイデンティティという言葉が一般に知られるようになったのは、アメリカの精神分析家であるエリクソンが、一九五九年に著した『自我同一性とライフサイクル』[3]によるものと考えられます。エリクソンは、人間のライフサイクルを八段階に分けて、それぞれの段階ごとに心理・社会学的な発達課題を設定し、各段階での発達課題をクリアーすることによって、人間の健康なパーソナリティの成長がもたらされるのだと述べています。そして、思春期に獲得すべき課題こそが、「同一性対同一性拡散」だと規定しています。

ところで、エリクソンの考える同一性には、自我同一性と集団同一性の二種類があり、内的な不変性と連続性を維持する個人の能力が、他者に対する自己の意味の不変性と連続性とに合致したときに体験する自信のことを自我同一性の感覚と言います。さらにエリクソンの理論が独創的な点は、フロイトを始めとした精神分析家たちが、幼少期から思春期に注目して理論を構築したのですが、彼の場合、中年期や老年期までも射程に入れて理論を展開したことです。そして成人期には三つの段階があり、それぞれに「親密さと隔たり対自己吸収」「生殖性対停滞」「完全性対絶望と嫌悪」の三つの課題が設定されています。

Cさんの同胞葛藤と父親への両価的な感情は、エリクソンの理論で説明すると、中年期の課題以前の思春期のアイデンティティの課題として説明できます。自我同一性を獲得しようとするとき、すなわち自分自身を主張しようとするとき、父親に代表される家父長的なものや兄弟間の上下関係など、すなわち集団同一性と対立することになるのです。そしてこの時期に、自我同一性と集団同一性の折り合いをうまくつけていないと、中年期以降の課題を達成できず、問題が起こってくるというのです。

■過去の課題にこだわらずサラッと通過させること

フェミニスト・セラピーでは、人や物事と折り合いをつけることに重きを置きませんし、むしろ無自覚に体制に順応することに反対します。また、過去への拘《こだわ》りはかえって人を自責と自己卑下に導きます。Cさんの場合、たまたま象徴的な夢を報告してくれたため、セラピストからも多少解釈的なことを伝えていますが、これはセラピストとクライエントが一種の遊び感覚で夢を話題にしているのです。また、アドラーのライフスタイル診断を行なったのも、同胞関係を診断表にもとづいて整理したに過ぎず、幼少時の体験で何をどんなふうに回想したのかが大切なのです。もしかすると、語られたことは嘘かもしれませんし、彼女の願望かもしれません。大切なのは、セラピストとの関係のなかで、このことが思い出され、あのことが無視され、思い出しさえしなかった多くの思い出があったということです。精神分析のように、何故このことが思い出されあのことが抑圧されたかなど、因果論で物事を考えることを排します。夢に見たこと回想されたことの細部にこだわらず、サラッと通過させることが大切なのです。

■傷ついたインナーチャイルドを癒やすこと

とは言っても、何でもザルのように流してしまうわけではありません。確かにアドラーのライフスタイル診断では、ほぼ十歳以前に意識的にプレイバックするわけですから、早期回想でも古い記憶が蘇り、Cさんの場合も三〜四歳の頃の思い出が中心になりました。そしてその頃、小さなCさんは姉や兄に対して果敢に挑戦して、無力感や屈辱感や悔しい思いを嫌というほど体験し、傷ついて来たと思われます。なぜなら、早期回想で姉や兄と自分が平等に扱われなかった思い出が、二回続けて想起されています。想起することで、悔しさなどの感情を再体験し、さらに続く数回の面接でもこの事実の確認と感情が繰り返し語られました。

私たちのフェミニスト・セラピーでは、これを傷ついたインナーチャイルド（内なる子ども）[2]の癒やしのプロセスと言い、普通はグループのなかで展開されます。メンバーの話から、同じ体験が思い出されることもあれば、アルバムの写真からインナーチャイルドが飛び出してくることもあれば、左手で手紙を書いているうちに忘れていた小さな自分が出てくることもあります。Cさんの場合、アドラーの早期回想がきっかけになり、小さいときを再体験して傷ついた自分をセラピストと共に癒やして、本当の生き生きした自分であるインナーチャイルドを取り戻したのです。このことは、最後の面接の前の夢に現われた小さな男の子、すなわちインナーチャイルドが、だんだんと柔らかく解けて来て、背負っている自分と背負われている男の子が一体化していくところにも現われています。

4章

女性と職業選択

1　事例提示〈私は「でも・しか」看護師〉

■なんとなく選んだ看護師

私が大学を卒業した頃は、職業選択を巡って「学校の先生にでもなろうかな」とか「学校の先生しかないかな」という台詞から、「でも・しか教師」という言葉が流行っていました。Dさんの場合、でも・しか「教師」を「看護師」に置き換えるとぴったりです。「看護師という仕事に自信がなくて、同僚ともうまく付き合えない」ということで、フェミニスト・セラピーを求めて来談された

のです。

Dさんが、看護師という職業を選んだいきさつはこうです。Dさんは高校を卒業する時点で、短大に進むか専門学校に進むか、将来の進路で迷いに迷った末、「資格を持っていた方が有利」という親の意見に従うのは不本意でしたが、最終的には看護専門学校に行って資格を取ることに決めたのです。これが人生における職業選択において、これという動機もないままに、消去法によって看護師を選んだDさんの経緯です。

そのため、専門学校に行っても勉強に身が入らず、かといって友人たちと楽しく過ごすわけでもなく、暗い学生生活を送っていました。看護学校の先生からも、「こんなにやる気がないのでは、看護師としてやっていけるかどうか」と危ぶまれたそうです。それでも、すれすれの成績で何とか卒業できて、中規模クラスの堅実な総合病院に就職して、外科病棟に配属されました。

そこでは、スタッフが生き生きと立ち働き、自分の前を医師や同僚の看護師たちが通り過ぎるのをただ呆然と見送るばかりでした。自分の周りにぽっかりと真空の空間ができ、そのなかに自分一人だけが留まり、疎外感と孤独感に苛《さいな》まれながら日々を過ごしていました。

特に、同じ年代の若い同僚のなかに入るのが恐ろしくて、昼休みに一緒に食事をしながら雑談をすることを考えると、今でも身の毛がよだつほどだと言います。話題にはチンプンカンプンでついていけず、自分から気の利いた話題を出そうとしても見つからず、どんどん萎縮して自己嫌悪に苛まれ、その場から蒸発できないものかといつも考えていました。仕事の面でも、他のスタッフを見ていると、ナイチンゲール精神に満ちあふれて、自信とプライドでキラキラ輝いていて、それに比べると自分がどんなにちっぽけで惨めかを思い知らされました。

■お金を払って居場所を見つける

そんなときに、たまたま友人から「自己啓発セミナー」を紹介され、参加してみました。やはり、最初はその場に馴染めず疎外感がひどかったのですが、徐々に慣れてきて自分を取り戻せそうな気持ちになってきたので、百五十万円という大金をつぎ込んで、正式な会員になりました。自分の貯金をはたいて、やっと手に入れた大切な自分の居場所です。そして、「自己啓発セミナー」で自分の居場所を見つけ、少しは生きていてもいいのだという感覚がつかめましたが、職場に戻るとびくびくおどおどして、自分を見失ってしまうということが繰り返され、辛さは以前とほとんど変わらなかったのです。

Dさんがセミナーからの脱会を決心したのは、参加し出してわずか三カ月目だったのです。そう決めると、投資したお金をいくらかでも取り戻さないと気が済まなくなり、父親の手助けが必要になり、叱られるのを覚悟で生まれて初めてSOSを発しました。そのとき、父親は細々したことは何も聞かずに、百万円近くのお金を取り戻してくれ、生まれて初めて父親に直接援助を求めて、父親の寛大さと優しさに気づいたのでした。

彼女の話を聞きながらセラピストは、一時期世間をにぎわしたオウム真理教を思い浮かべました。

なぜ、優秀な若者たちがハイテク化した現代社会を捨てて、宗教の世界に入り、驚くべき事件を起こしたのかということです。彼らはこの社会の一つの歯車になることを拒否し、居場所を求めてオウムの世界に入ったとも言えますが、彼らと同じように、Dさんが居場所を「自己啓発セミナー」に求めたのも、あながち不自然とは思えないのです。この点では、Dさんの事例が、現代社会が抱えている病理性を表現しているのかもしれません。

■いまでも過去の外傷体験が疼《うず》く

セミナーから脱会してほっとしたのも束の間、職場での大変さが蘇って来て、ついにセンターの門戸を叩くことになったのです。このときの主訴は「仕事にやり甲斐が見出せない」「職場の人間関係がうまく取れない」などでした。

看護師という職業は、自発的に主体的に選んだものではありませんから、与えられた仕事の範囲でこなして行けば良いと、割り切ったつもりで始めました。ところが外科病棟では、ミスは直接死に繋がるためどんな些細なミスもあってはならないことで、それが外科病棟のルールでした。Dさんは「絶対にミスをしてはいけない」という強迫観念に、日夜苛まれるようになりました。仕事の面白さや楽しさ、ましてやり甲斐など感じられるどころか、仕事を間違いなく完璧にやらねばならないという強迫観念に取り憑《つ》かれてしまいました。自分はもちろんほかの看護師のミスにも敏感になり、果ては「主任でもないのに、注意する立場なの」と、周囲の反感を買うほどになり、ますます居づらくなりました。また、本当は同僚とも仲良く楽しくやりたいのに、自然な会話や振る舞いができず、仕事場でも休み時間でもいつも立ちすくんだ状態が続きました。

セラピーを通して、Dさんは自信がなくびくびく脅えている自分、自己肯定感もなく自己評価も低い自分と向き合うことで、その原因を原家族とくに母親から受けた厳しい躾や、中学時代のいじめのせいではないかと考えるようになりました。

母親は何でも無難にこなせる女性で、母親の目から見ると、Dさんは見るからに危なっかしくて、何かをやる前に「ああしろ、こうしろ」とつい口を出したくなるようで、その後もDさんがしたことをチェックして、褒めたり正当に評価したりすることは皆無だったようです。さらに、母親は何にでも挑戦する心を失わない人で、四十歳を過ぎてから看護師の資格を取って、職場である老人ホームの近くにアパートを借りて、仕事に専念するという傑女とも言える人です。Dさんの職業選択の在り方といい仕事ぶりといい、母親とは対照的で、Dさんに自己肯定感や自尊心が育たなかったのも、いつまでもマザコンから脱け出せないのも肯けます。

また、中学時代のいじめというのは、夏休みのキャンプで起こったことです。夜中に、女生徒数人とでテントを抜け出して、町に買い物に出掛けるという計画が持ち上がりました。Dさんは相当悩んだ末にその計画に加わったのですが、やはり途中で悪い事だと気がついて、一人で夜道をキャンプ場まで引き返しました。翌日、友人からは「いいかっこしい」と非難され仲間外れになり、先生からは「夜道を一人で帰るような危険なことをして」とひどく叱られました。自分の取った行動が、正しかったのか間違いだったのか分からないままに、四面楚歌の状況に陥り、このときの辛かった気持ちが、家族にはもちろん誰にも打ち明けられずに、心的外傷として彼女の心に深く傷を残してしまいました。

親からも評価されず誰からも理解されず、そのうえ嫌われるという外傷体験は、Dさんのその後の対人関係に大きな影を落とし、高校や専門学校での引きこもりや孤立無援状態という形で現われました。ところが、職場では仕事を通して評価ももらえるので、不安と強迫観念に振り回されながらも、同僚と言葉を交わしたり助けてと言ったりして、かりそめの人間関係が結べているという感覚に少し浸ることができました。

一方で、看護師には山のように仕事があり、「できる・できない」など、自分の考えで仕事を取捨選択しなければ身がもたなくなります。彼女は、頼まれると嫌と言えず、また断ればだめな看護師とレッテル付けされるのではないかという恐怖心から、仕事を限りなく背負い込んでしまいました。残業に継ぐ残業でくたくたに消耗して行くのでした。

■やっと自己決断と自己主張ができてうれしい

外科病棟でのこのような苛酷な勤務に耐えては来ましたが、心身ともに消耗感がひどくなり、ついに外科病棟の看護師長に転職を申し出るに至ったのです。四年間、外科病棟ナースとして頑張って来たのですが、もう一度勉強しなおして保健師になりたいと転職を決意したのです。看護師長は寝耳に水とばかりにびっくりして、その後一番良い方法を考えてくれた末に、内科病棟に転勤してもう一度頑張るように言われました。

ここは、外科病棟のような切迫感はなく、強迫的に不安に駆られて仕事にのめりこむ必要もなく、落ち着いて仕事ができる職場環境でした。内科病棟では、それぞれのスタッフが七〇%の力を出し、あとはチームワークでカバーするというやり方でしたが、Dさんはこのやり方を通して少しずつ自分自身に対してOKサインが出せるようになりました。

二週間に一回のセラピーを始めてほぼ十カ月、自分の将来を自分で見定め、それをセラピストや看護師長に伝え、相談のうえ折り合いを付けられるようになりました。それが結果的に良い解決をもたらしたことは、Dさんにとってこの上ない貴重な体験になりました。

この後もすぐに、父親と結婚について膝を突き合わせて話ができました。来年定年を迎える父親から、「これを機に結婚して欲しい」と懇願されましたが、「私自身、このままで良いとは思えないので、もっと勉強して成長していきたい。このことで私を追い詰めないで欲しい」と伝えました。

もうしばらく待って欲しいという言葉に父親は、まるで「鳩が豆鉄砲を食ったような」表情をし、さらに「犬がしゃべった」と言わんばかりにびっくりしたと彼女は表現しましたが、言わんとすることは十分に伝わりました。ただ、母親との関係は決して良いとは言えず、母親がいなければ、心もとなくて自信をもってやれないのに、面と向かうと嫌みばかり言ってしまいます。これをサド・マゾ（加虐・被虐）的関係とも、アンビバレンツ（両価的）な関係とも言いますが、これから抜け出すにはまだしばらくの時間が必要でした。

■もっと上手に自己主張するために

内科病棟に移ってしばらくは良かったのですが、少しずつ彼女の「強迫的な完全主義」が頭をもたげはじめ、新人を厳しくチェックして追い詰めたり、自分も追い詰められたりするようになりました。そこで、セラピストは自己主張訓練（アサーション・トレーニング＝ＡＴ）に参加してみるように勧めました。

Ｄさんは参加して二回目のセッションで、職場での新人指導の場面を提供してくれました。Ｄさんの完全主義が関係して、新人を指導するときに正論とはいえ、事細かに感情的または攻撃的に迫り、ときには息詰まるような激しさのため、若い看護師さんは泣き出す場面さえ起こったのです。

Ｄさんに職場でのある一場面を再現してもらい、Ｄさんはそのときどんなふうに言ったのか、新人看護師役を演じるメンバーは、どんな気持ちでそれを聞きどんな感情が起こって来たのか、そして二人のやり取りを聞いて、観客であるグループのほかのメンバーは何を感じたのかなど、メンバー同士が率直に感じたままを、細かくフィードバックし合ったのです。このようなやり取りからＤさんは、さまざまな表現の仕方を試み、過不足なく自分の言いたいことや感情を伝えられるコミュニケーション・パターンを自分のものにしました。

また、別のセッションでは、ほかのメンバーが「洗濯物の干し方」をめぐって、母親とケンカした場面を出してくれたのですが、Dさんは娘役を演じていつもの母親とのやり取りを演じました。母親との間で言い争いが起こると、Dさんは必ず激しく母親を攻撃する「かみつき戦術」か、何の反撃もしない「だんまり戦術」か、どちらかを取って関係を悪化させていることが分かりました。Dさんはアサーション・トレーニングを通じて、得意な「すべてか無かの戦術」ではなく、ほどほどの目標を獲得する「中庸戦術」の取り方を練習しました。

これは言い方を変えると、自分の自我境界を如何にして守っていくかということです。「かみつき戦術」というのは、自分の境界線を越えて相手を攻撃することで、相手の境界線を脅かしたり踏み込もうとしたりする行為です。これに反して「だんまり戦術」は、相手の攻撃から身を守るために、自分の境界線のなかに閉じこもることです。そして、どちらの戦術も、相互の自我境界をめぐって、不毛で非生産的なコミュニケーションを展開しているとも言えるのです。

そこで、「中庸戦術」が登場しますが、これは相互に自分の境界線から少し外に出て、二人の中間に安全地帯をつくって、そこでやり取りをして、完全な一致を目指さずに、相互に不一致を確認し、お互いに自分の境界線に戻るというやり方です。こうすると相互に自分の境界線は守られ、脅かしたり脅かされたりしません。結局、アサーション・トレーニングは、それぞれの自我境界をしっかり守り、自分や相手のそれを認め合いながら、上手に気持ち良く自己表現していくことを学ぶ集団治療なのです。

Dさんは、二年前の外科病棟では、不安と完全主義から生じる強迫概念に振り回されて、自分を見失って混乱と孤立のなかで過ごしましたが、このときは個人療法である程度の回復が計られました。それから内科病棟で主任として勤務するなかで、上手なコミュニケーションの取り方が必要になって来たときに、アサーション・トレーニングという集団療法によって、上手な自己表現の仕方を身につけることができました。このように、フェミニスト・セラピーでは、状況と必要に応じて、個人療法や集団療法や自助グループなどのアプローチを駆使しながら、女性が自分らしさを取り戻し、精神的な充足と自己実現を目指していくことを応援します。

2 女性にとっての職業選択とは?

■青年期の選択課題

子どもから大人への移行期に、思春期や青年期という時期が設定されていますが、これは大人への準備期、あるいは大人になる前の猶予期間（モラトリアム期）とも考えられています。そして、最近はこの青年期が延長され、三十歳前半までを含めることもあるほどです。たとえば思春期から青年期の女性に特有な病気として摂食障害（第5章で詳しく述べます）がありますし、青年期の男性に比較的多い特異な生活形態としての引きこもりがありますが、これは青年期の十〜十五年を経過して、三十歳過ぎまで続くことも稀ではなくなってきています。

ところで、この遷延化した青年期に、若者たちはふたつの重大な課題、すなわちひとつは職業選択、もうひとつは配偶者選択を行なわなければなりません。高校または大学を卒業する頃になれば、将来どのような職業に就くかは最大の関心事ですが、最近の若者はあまり深くこれを考えることがなく、今流行りのフリーターになって、職業選択の課題を回避しようという傾向があります。

また、別の回避方法あるいは先送り方法としては、大学または大学院まで進み、そこで将来の仕事や研究を見つけようとするやり方です。以前のように、この勉強や研究がしたいとか、就職に有利な大学や学部に入りたいとか、明確な目的意識をもって進学することが少なくなっているようです。

さて、十五〜二十五歳までの若者の三分の一がフリーターとして生活している実態があります。厚生労働省はこれを深刻な事態と捉えて、若者就労支援センターや職業指導や研修を計画していると聞きます。しかし、これらの試みがどこまで効を奏するかには疑問があり、根本的な社会・経済体制の変革なしには、若者の就労状況は変わらないと考えられます。安価な賃金体系でフリーターを雇用し、それによって生産部門やサービス部門を下支えし、現在の日本の産業・経済構造を維持しようとする安易なやり方では、若者が生きがいをもって就労しようとする意欲を削《そ》ぐばかりです。

さらに、従来の「年功序列」や「終身雇用」によって企業戦士が生み出され、社会・経済構造を活性化させてきた論理が破綻をきたし、経済不況によって、いつリストラされるか分からない時代の不安が、若者を自立できない青年期のままに留めて、職業選択も配偶者選択も先送りさせているというのが現代なのではないでしょうか。

今までは、青年期の選択課題が、どの国のまたどの時代の若者にも普遍的とされ、この課題の克服が若者の自立と人間的な成長に繋がると考えられてきましたが、日本の社会・経済状況を考えると、個人の成長という次元を越え、よりマクロ的次元の課題であるといわざるを得ないのです。若者が職業選択の課題をマクロ的に解決できるようにならない限り、次の配偶者選択あるいは結婚選択もできずに、ますます非婚・未婚・離婚の問題が深刻化していくでしょう。

特に、若い女性の晩婚化傾向と出産の問題は、次世代の子どもたちを生みだしていく意味でも、世代間の問題に発展していく危険性を孕《はら》んでおり、早急に取り組むべき看過できない重要な問題だと言えるのです。

■女性たちはどのような職業を希望するのでしょう

多くの女性たちは、子ども時代に大人になったら何になりたいかと聞かれて、「看護師さん」「お母さん」「幼稚園の先生」「スチュワーデス」などと答えた経験があるでしょう。考えてみると、女の子に好まれるこの四職種には、ある共通した特徴があります。

まず第一に、人を世話する仕事だということです。病人を世話する看護師さん、子どもや夫や自分たちの親を世話するお母さん、子どもを世話したり教育したりする幼稚園の先生、飛行機の乗客を世話するスチュワーデスなどです。

第二に、直接生産に結びつかない「シャドー・ワーク」という仕事です。この言葉は、目に見えない仕事という意味で「家事労働」に対して使われてきましたが、ここでは、直接物を生産するという意味合いの少ない仕事として使います。たしかに、病人や子どもや夫や老人などの世話は、将来的に元気な生産活動を担う人を作り出すということにつながりますが、当座は直接生産活動につながらない影の仕事（シャドー・ワーク）なのです。第三に、人間関係を対象にした仕事なのです。仕事は元来、社会的な活動ですから人間関係を度外視しては成り立ちません。とりわけ上記の職種は、直接人間関係に働きかける仕事なのです。

それでは、なぜ少女たちはこのような仕事に就きたがるのでしょうか。それは、少女たちの育てられ方や躾けられ方に関係があると言えます。

第一の世話に関しては、少女たちがそれぞれの家庭で、家族を優しく世話する母親を見て育つこと、母親が身近な女性の理想モデルになりやすいこと、ままごとやごっこ遊びなどを通して世話（ケア）役割を練習すること、などと関係があります。さらに、家庭から広い社会に出たときに、最初に出会う保育園や幼稚園の先生も、ケア役割を担う理想のモデルになりやすいでしょう。

第二のシャドー・ワークに関しては、少年たちへのメッセージが自立と積極性と行動力であるのに対して、少女たちへのそれは依存と協調性など、表に現われない影の生き方が暗黙に奨励されています。シャドー・ワークというのは、まさに実体の影になる仕事、男性が積極性と行動力で推し進めていく仕事を陰で支える仕事であり、育ちのなかで暗に少女たちはこれを刻印付けられてきたのです。

第三の人間関係に関しては、第一、第二とも関係しますが、ミラー（一九八六）[5]が述べているように、少女たちは発達過程で、少年たちのように分離や自立を強制されないために、長く母親との二者関係を享受できるのです。したがって、母親をモデルにしながら、相手の気持ちに敏感に反応したり、相手の立場に自分をおいて相手を慮《おもんばか》ったり、さまざまな人間関係能力を発達させていきます。さらに、自分を抑え相手に合わせて人間関係を円滑にすること、そのことを行なって評価を受けるというご褒美まで準備されていることなども関係があります。こうして、女性たちは人間関係のエキスパートに育ってゆくのです。

■人のケアをする人が陥るメンタルヘルス上のリスク

人のケアを生業にする人の筆頭といえば看護師が思い浮かびますが、そのほかにも保育士、介護福祉士、臨床心理士、カウンセラー、ソーシャルワーカー、学校の教師などが挙げられます。これらの仕事に就こうとする人びとは、まず女性が圧倒的に多いこと、ある程度共通の性格傾向が見られること、仕事をやりすぎてバーン・アウト（燃え尽き）症候群になりやすいことなどがあります。

これらについて簡単に述べますと、人のケアを仕事にする人は圧倒的に女性が多いことは、すでに前述のように、女性の育ちや躾けられ方によります。

次に共通の性格傾向ですが、人のケアを職業として選択する人は、物質的なものより人間的な関わりに興味や関心をもつという点で、人間志向型と言えます。また、積極的・行動的で責任感が強く、いわゆるタイプAの傾向の人びとが多いのです。さらに、人のケアという仕事を選択する人の多くが、「人を助けたい」「人の役に立ちたい」「私しかこの人を救えない」など、メサイア（救世主）願望をもっている人が多いようです。これはたぶん、職業選択のきっかけが、個人的な体験に関係しているのではないかと考えられます。たとえば、家族を病気で亡くした人が、看護師や医者になって人を助けたいということもありますし、思春期に神経症や対人恐怖症で悩んだ人が、同じ悩みをもつ人の役に立ちたいと思って、カウンセラーになるということもよく聞きます。

最後の燃え尽き症候群については、前段で述べた性格傾向とも緊密な関係があります。もともと、一九七四年にアメリカの精神科医のフロイデンバーガーが提唱した概念で、人間関係の仕事をする看護師と医師と教師を対象に研究して、命名したものです。

近藤（一九九一）[4]は、次のように定義しています。「人を助けるために、長い間情熱的に仕事をしてきた人びとが、期待していたような成果が達成できないために、失望を感じ始めることである。彼らの仕事は過度に心理的エネルギーを消費し、心身症的疲労と精神的消耗を引き起こす。その結果として、不安、焦燥、悲哀、自己評価の低下などが、動機、息切れ、胃腸障害、頭痛、腰痛、高血圧、睡眠障害などを伴って出現し、同時に結婚や家族問題にまで発展する」と言うのです。

このように人間関係の仕事をする人が、無限でないエネルギーや感情を枯渇させるほど仕事に精を出し、結果的には仕事の継続さえ不可能になり、自分の人生の先行きが危ぶまれるほどに追い詰められていくのです。

■人をケアする人たちが燃え尽きないために

Dさんは、明確な目的意識を持って看護職を選んだわけではなく、仕事上でも周囲の人のようにエネルギーをつぎ込んで生き生きとやれていたわけではありませんので、典型的な対人援助職（人をケアする仕事を指します）の人が示す燃え尽きとは言えないかもしれません。ただ、その片鱗はやはり現われています。それは、Dさんの外科病棟時代に、卒業したてで専門的なことはまるっきり分からず、忙しそうな同僚に聞くこともできずにオロオロして、人に言えないような失敗をたくさんしていたときです。人の生命に直接かかわる外科の仕事では、間違いが許されず、強迫的に完全主義を貫かないといけないと思い込んでいたDさんは、自分ですべてを完全にという完全主義の読み違いをしていて、エネルギーを使い果たしてしまいました。

本来は、チームメイトである看護師と協働して完全を目指せば、すばらしい仕事ができたはずなのですが、対人援助職の人のもつ、すべて自分がしなければというある種の抱え込みが、燃え尽きを生み出したのです。また、内科病棟で主任になったときも、同様に過剰な責任感がDさんを追い詰め、新人にも主任として手厳しく追い詰めてしまい、なんとも立ち行かなくなったのです。

このときDさんがアサーション・トレーニングで得た行動パターンやコミュニケーション・パターンは、対人援助職の人が燃え尽きないための方策でもあるかもしれないのです。

一つ目は、完全主義やすべてか無か（オール・オア・ナッシング）の行動パターンを改善することです。やれる自信のない仕事まで自分で抱え込み、主任でもないのに負わなくてもよい責任まで背負い込み、それができないとなると看護師を辞めるというような極端な行動パターンを取りがちです。しかし、これをしている限り、結局燃え尽きて仕事を辞めて、無になるしかないのです。

二つ目は、完全主義にもつながるのですが、コミュニケーション・パターンを極端な言い方から中庸を保つ言い方に変えることです。新人の指導で相手を泣かせるほどの言い方をしています。これは母親との間で培われた「かみつき戦術」で、実は母親にかなわないと思っているDさんの裏返し戦術ですが、防衛機制の用語で言えば「反動形成」で、「弱い犬ほどよく吼える」という意味合いなのです。アサーション・トレーニングといわれる自己主張訓練は、このかみつき型の攻撃的な表現様式ではなく、相手も自分も尊重し合い、お互いにそれぞれの領分に侵入しないという淑女協定の元で、しっかりお互いの主張を出し合うものです。

5章

女性と摂食障害

1　事例提示
〈食べ物で埋め合わせる日々よ、さようなら！〉

■私は摂食障害ではありません！

Eさんは、現在、二十八歳の働き盛りの女性です。福祉職の仕事に就いてすでに六年になり、最近、あるセクションの責任者になったばかりです。彼女が二年前に相談に来られたときの主な訴えは、時どき、やけ喰いをして困るというものでしたが、それほど困っている様子は見られず、本当の相談動機がどこにあるのかもはっきりしませんでした。

このパターンは、摂食障害の人によく見られるもので、自分の食行動に対して否認（denial）という防衛機制を使うためです。拒食症の人の典型的なせりふは、「私は、普通の人と同じように食事を取っている。みんなは痩せ過ぎだから、もっと食べなさいというけれど、もっと痩せなければならない」というものです。

食べないことや痩せ過ぎていることを認めようとせず、病気と思っていないので、病院にも行きたがりません。たいていは家族が心配して、強引に連れてくる場合が多いのです。ですから、Eさんのように自分から相談機関を訪れ、曲がりなりにもやけ喰いを話題にしているので、セラピーへの導入は比較的スムースに行くと考えました。

ところが話題が食事に集中すると、「やけ喰いは誰にでもあって、やめようと思えばいつでもやめられる。ここに来る必要はなかった」と、ごきげん斜めになることもしばしばでした。また、Eさんは仕事柄、患者さんの話を聞くことには慣れていますが、立場が逆転して自分が話す番になるととても戸惑っていました。

なぜなら、自分が患者役割を取って話すことは、自分を病人と認め過食症を認めることになるからです。さらに、Eさんは同じ医療職ということもあって、筆者の力量を値踏みし、お手並み拝見という気持ちも働いていたと思われます。それやこれやの要因が働いて、来所の動機が曖昧だったため、これを明確化することが、最初の数回のセッションで行なう主な仕事になりました。

■パン三斤、カステラ二本、まんじゅう五個……

Eさんは昔から太ることを気にしながらも、食べることが大好きでした。中学からバスケットボールを始め、高校でも熱心にクラブ活動をしたため、二年生ではキャプテンにまでなったのです。彼女の楽しみは、クラブが終わって、チームメートたちと近所のおしるこ屋に立ち寄り、おしゃべりしながら甘いものを平らげることでした。クラブ活動で消費したエネルギーを、甘いものなどで補給するわけですから、相当の食事量だったことは推して知るべしです。太ることを気にかけながらも、Eさんは皆とおしゃべりしながら食事をすることを楽しんでいました。

独りでひたすら食べることが止まらなくなったのは、大学を卒業して福祉施設に就職して二年目からでした。いつも仕事帰りには、近くのコンビニで、パン三斤、カステラ二本、まんじゅう五個などを買い込みましたが、一度食べ出すとこの量では足りず、二～三回近所のコンビニで買い足しました。彼女の大好きなものは、甘いもの、ふわふわしたもの、澱粉質のもので、これらを口にしていると、頭のなかが真っ白になり、嫌なことも辛いことも哀しいこともすべて忘れて、食べることの至福感に満たされるのでした。

ところが、この食べ方では体重がみるみる増え、からだの重みを支え切れなくなった膝の関節は悲鳴を上げ、ついに医者から厳重なダイエットを申し渡されたのでした。相談に来所された頃は、週末の二日間だけ思いっきり食べるのを例外にして、彼女なりにダイエットの努力をしていました。それでもときに、週の半ばでスリップして（この言葉は、もともと断酒の誓いを破って、飲酒を始めることを言います）、週末にまでなだれ込むことも少なくなく、悲観的になっていました。摂食障害の本を読んだり、嗜癖や依存の本、あるいは『愛しすぎる女たち[17]』（一九八五）を読んだりして、相談に来ることを決心し、併せて自分の生き方の問題にも取り組もうとしたのでした。

■食べ物は良いお母さん？　悪いお母さん？

今までの生育史から、特別食事にまつわる外傷的な体験は思い出されませんが、母親とのやり取りのなかで、食事に対するネガティブな言動がいくつかありました。

Eさんは東京の近郊県で二人きょうだいの長子として生まれました。弟同様、小児喘息をもっていたため、母親は子どもたちの健康や食事には特別気を配っていました。小学校の頃は、母親の作ってくれたお弁当を残して帰ると、ひどく叱られたのですが、今考えると「母親は自分の作った食べ物を食べてもらえないことは、自分自身を拒否されたように感じてあんなに怒ったんでしょう」と、彼女なりに解釈しました。

この解釈は、《食べ物＝母親》という構図を作り出し、Eさんが母親に対してアンビバレント（両価的）な感情をもっていること、それが彼女の女性としてのアイデンティティの混乱につながっていることを表わしています。このことについては、次のアイデンティティの混乱のところで触れます。

お弁当事件に加えて、「母は家族のみんなを食べ物で結び付けていたようです」とEさんは語ります。たとえば、最近のエピソードとして、お正月に両親揃って独り暮らしをしている彼女のアパートに出かけて来たのです。が、両手に持ち切れないほどの食べ物を持って来て、「これも食べなさい、あれも食べなさい」と言うのです。その舌の根も乾かないうちに、「ぶくぶく豚みたいに太ってみっともない」と、平気でEさんを傷つけることを言うのです。

母親のメッセージはダブル・バインド（二重拘束）で、食べろ食べろと言われて、食べないと叱られ、食べると「ぶくぶく豚みたいに太ってみっともない」と言われ、結局、食べることも食べないこともできないジレンマに陥ってしまうのです。

Eさんと母親の間には、食事を巡って「飴と鞭」が介在していて、「お腹が空けば食べる、一杯になればやめる」という、もっとも自然で基本的な食事習慣が出来上がっていないのです。これは摂食障害の人によく見られるパターンです。

またEさんがやけ喰いするときは、「甘い、ふわふわした」食べ物をたくさん買い込んで、何も考えず頭を真っ白にして、ひたすらお腹に詰め込むのです。こういうときはたいてい、職場で嫌なことがあったとか、一週間の疲れが溜まっているとかで、普通の人は母親に愚痴を聞いてもらったり、友人と気分転換したりするのですが、Eさんはどちらもできないのです。そこで「甘い、ふわふわした」良い母親を、体のなかにたくさん取り込むことで、ミルクを一杯もらった赤ちゃんのように、何も考えないで至福感に満たされるのです。

Eさんには良い母親イメージがないので、「甘い、ふわふわした」食べ物を取り込むことで、良い母親を代償させていたのです。ですから、Eさんの過食を改善するには、良い母親イメージを食べ物以外の、人との関係のなかで獲得することでした。そして、二年にわたるEさんとの治療関係はこれを体験する期間でもありました。

最初の一年間は、治療に抵抗したり、Eさんにとってセラピストと母親とが二重写しになったりする期間でしたが、後の一年間は安定した関係が続きました。

「母親に甘えたいのに、しっぺ返しが怖くて甘えられない」というアンビバレントな感情は、セラピストにも向けられ、治療者への母親転移（tranceference）が起こったのです。ここでいう「しっぺ返し」とは、「ぶくぶく豚みたいに太ってみっともない」という母親の言葉に象徴されるように、「自己の存在否定感」や過食によって引き起こされる肥満や膝の痛みなどです。この点で、食べ物を取ることは、良い母親と悪い母親を同時に取り込むことになるのです。

■アイデンティティ（自己同一性）の混乱

Eさんは母親との関係で、女性としてのアイデンティティの危機に陥っていたと考えられます。母親は、結婚する前とEさんが十歳になった頃から七〜八年間、事務員として働いた経験がありましたが、基本的には専業主婦を続けて来た女性です。

Eさんから見れば母親は真面目で堅い人で、「近所にも職場にも友人がいなくて、孤立していて、自分の生き方が見つけられなかった人」と、かなり手厳しい評価を下しています。また、外見上でも

「母親は奇麗でなく、コロコロと太っていて小さく、不愛想な人」で、「土足で心のなかに踏み込んでくる無神経な人」と、Eさんにとってすべての点で女性の理想モデルからはほど遠い人だったようです。

Eさんにとって女性は、「可愛くて、弱々しく頼りなくて、痩せて華奢《きゃしゃ》でなければならない」と、心のどこかで感じていました。この「痩せて華奢《きゃしゃ》な」基準から言えば、「自分には良い点が何ひとつなく、男性と付き合ってもどうせ嫌われるので、近づかない方が安全だ」というのが、彼女の根深い思い込みなのです。人から好かれたいとは思っていても、女らしさや弱々しさを売り物にしては「負けいくさ」になりますから、仕事で自分らしさを発揮しようと心に決めていたのです。来所時の彼女は、仕事中毒（ワーカホリック）的な働きぶりと、それによって引き起こされる同僚との人間関係のストレスで、相当疲れてダウン寸前だったとも言えます。

ところで、彼女はずっと公立の小、中、高校に通い、「勉強しなさい」という母親の言葉に逆らわず、勉強に励んでいましたから、成績も良く、希望の大学にストレートで入りました。何を仕事にするかでは相当迷い、卒業寸前にやっと専門を生かして福祉施設に就職することにしました。

彼女の仕事ぶりは、何でも断らずに引き受け、やり始めると使命感と義務感に突き動かされて、ストップが利かない状態になりました。仕事はすべて好きでやっているのでも、納得してやっているのでもなく、もし自分の意見や地を出したら皆から嫌われて孤立するだろうというのが、彼女の最大の恐怖と思い込みでした。この恐怖をもつようになったのは、幼い頃からいつも聞かされていた、「お前のような自分勝手な人間は、誰からも好かれない」という母親からのネガティブなメッセージでした。

そのため、彼女の自己イメージはひどく歪み、「負けず嫌いで、病気持ちで、手に負えない人間」という野獣のような自己イメージは、いつも強引に彼女の内面に抑え込まれ、周りに合わせた「偽りの自己」（レイン）[13]を作り上げているうちに、本来の自己が分からなくなってしまったようです。職場でもこの「偽りの自己」で「イエス・ウーマン」をしていましたから、仕事はどんどん膨れあがる一方で、抱え切れないほどの過重な仕事と人間関係で、ついにはストレス解消のために過食に走ってしまうという悪循環を繰り返していました。

セラピストは、「あなたの内面に抑え込まれた野獣のような自己は、檻を強固にすればするほど凶暴になるので、檻を少し開けて自由にしてあげることが大切だと思う」と伝えました。また、「コントロールできないと思っている野獣も、もしかすると作り上げられた虚構かもしれない」と伝えると、Ｅさんは少しずつ自分のそのままをセラピストの前に出しはじめ、感情的なものや自分の意見を小出しにしながら、本来の自分を取り戻して行きました。

セラピーが始まって一年半を過ぎた頃、Ｅさんは初めて同僚四人と夜を徹して話す機会に恵まれました。ちょうどその頃、職場は新旧交代でゴタゴタしていて、仕事のことでかなり激しい議論をし、その勢いで思い切って過食のことを話してみたら、「そんなこと誰だってあるし、変なことでもなんでもない」と言われて、本当にびっくりして、そのとき初めて人の優しさに触れて感激したのです。

これをきっかけに、過食へのこだわりも徐々に薄れ、たとえ一時的に過食をしても、それはストレス解消に必要なことと彼女なりの意味づけをし、「たまには過食して、エネルギーを溜め込んで、次に備えよう」というセラピストの薦めを肯定できるようになりました。過食は「いけないこと」から「必要なこと」へと変わり、肯定的な意味づけをすることで、過食はEさんにとって特に問題にならなくなったのです。

また仕事についても、無茶な抱え込みがなくなり、自分の考えを言語化しながら自分のできる限界を伝えられるようになりました。治療が終わる頃には、彼女の仕事ぶりが認められ、二十歳代の主任として抜擢されました。学歴と職歴を自分の切り札にして、若くして主任のポストを与えられたのですが、面接のなかでちらっと、「本当は痩せて華奢《きゃしゃ》で頼りなげな女らしさを切り札にしたかった」と、心情を吐露しました。

■やっと女としての自信が……

ところで、Eさんは女性としての自己評価が低いため、グループ交際で男性と付き合うことはできても、個人的に付き合うボーイフレンドと言える人は今まで皆無でした。たまに誘われても、「どうせ何時かは、嫌われて捨てられるに決まっている」と内心思っていたので、そしてこの哀しい確信のために、これはと思う男性には近づくことさえ出来ませんでした。

さらに、大学時代の外傷的な体験が今でも尾を引いていて、新しい男性に飛び込むことが出来なかったのです。大学時代の彼とは二年ほど付き合ったのですが、好きだと本心を伝えることが出来ず、彼が打ち込んでいた学生運動に加わりながら、彼をボーイフレンドと錯覚していました。ある日彼は突然自殺を図り、幸い命は取り留めたものの腑抜《ふぬ》けのような状態になり、彼女の方は、彼の自殺に責任の一端があるように感じて、その後、文通だけを続けていました。

過食に整理がついた頃、Eさんは過去を整理するために彼と会って話をしました。彼が思いのほか元気で、かつての実存的悩みから解放されているのを見て、また拒食症の彼の姉の話にアドバイスが出来て、長年抱えて来た気持ちがふっ切れ、心の束縛からやっと自由になれたのです。

このことがあって、Eさんは少しずつ男性への警戒心を和らげ、職場の同僚とも付き合い、そのなかの一人とプライベートな付き合いが始まったのです。その彼と一緒にいると、リラックスでき楽しいと思えるようになりました。

一方、Eさんは新しい広いマンションに移り住み、それまではまったく構わなかった部屋のインテリアに凝り出し、一見女性の部屋とは思えないモノトーンの暗い部屋から、エスニック調の個性的な部屋に変わったということです。今までの暗い自分の住処《すみか》から、新しく変身した自分の住処《すみか》にこんな風に変われたのです。

さらに、嬉しいことには、男性経験のまったくなかったEさんが、彼のリードで三〜四カ月もかかって、やっと彼と性的一体感をもつことが出来たのです。セックスには劣等感をもっていて、自分では不感症だと思っていたEさんが、「先生やっとうまく行ったの」と全身で喜びを表わす紅潮した笑顔を今でも忘れることが出来ません。

母親に呪縛されていた過食の「醜いアヒルの子」が、仕事と彼との愛に満たされキラキラ輝く「白鳥」に変身したのです。食べ物で埋め合わせる日々よ、さようなら！です。

2　摂食障害とはどんな病い？

■摂食障害についての研究史

ＤＳＭ－Ⅳ（『ＤＳＭ－Ⅳ精神疾患の診断・統計マニュアル　第四版』[1]）によりますと、摂食障害には神経性無食欲症と神経性過食症があると記載されていますが、最近の摂食障害は過食・嘔吐症と言ってもよいほどに病態が変わってきています。

摂食障害の元祖は、一六〇〇年代にすでにあったと言われる神経性無食欲症で、医学の世界で問題にされるきっかけになったのは、今を遡ること一三〇年前の一八七四年のことです。この年にロンドンではガル[8]が、パリではラゼグが、痩せ細ってゆく哀れな少女たちのことを学会誌に発表したのです。

彼らが症例報告した少女たちは、中流以上の裕福な家庭に育った十二～十三歳の思春期の少女たちでした。今まで聞き分けの良かった少女が一変して、親たちに反抗的になり、食べ物を口にしなくなり、一方で痩せるために体を酷使して、周囲の人びとに少女の死の恐怖を与えたのでした。

名称および病理の変遷はさまざまで、一六九四年にモートンは、これを「神経性消耗病」と名付け、「ただ皮膚だけをかぶった骸骨のよう」にして亡くなった十八歳の少女のことを記載しています[16]。

アノレキシア・ネルボーザの名称は、ガルによって一八七四年に付けられたものですが、それ以前の一八六八年には、「ヒステリー性ペプシン欠乏症」(ヒステリック・ペプシア)、一八九三年には「アノレキシア・ヒステリカ」と言われ、何らかの情動的反応であるヒステリーと近縁のものと見られていたようです[8]。その後、二十世紀になって、下垂体の萎縮であるシモンズ病との関係から、もっぱら視床下部障害説が有力になりました。

一般的に医学史では、原因不明の奇病・難病には、ある時期必ずと言ってよいほど「心因性のヒステリー」の名が冠され、その患者は不当に扱われ、ときには魔女裁判で処刑されることもあったのですが、アノレキシア・ネルボーザに関しても例外ではなかったようです。

わが国においては、江戸時代の文献(香川修徳『一本堂行余医言』)で「不食の証、ほとんど奇疾、……多くこれ婦女にして、……米飯を食べず、飢えることもなく数年にわたって経過し……、もし強いてこれに食与うれば、必ず吐す」と書かれているということです[23]。

なお、精神医療の領域でこれが取り上げられたのは一九六〇年前後で、梶山進[12]、石川清[9]ら、下坂幸三[19]の三氏による研究が相次ぎ、これらが摂食障害を扱った日本の古典と言われているものです。最近では、摂食障害の病型の変化や増加に伴い、精神科のみならず、内科や心療内科や婦人科などでも摂食障害の治療が行なわれるようになり、それに伴ってさまざまな視点でこの疾病の解明が進んでいます。

しかし、これという病理や治療法が確立していないのも事実ですが、次に挙げるいくつかの文脈のなかで、フェミニスト・セラピーの視点から摂食障害について概観したいと思います。

■社会文化的文脈から見た摂食障害

摂食障害のなかでも、神経性無食欲症が欧米社会で関心を持たれ出したのは、約三十年前に英国のモデル「ツイッギー」(小枝ちゃん)が若い女性の間で爆発的な人気を博した頃からだと言われています。若い女性たちは我も我もと、ツイッギーのように痩せてミニスカートを履きたいと願い、ダイエットを始めたのです。それまでは「ふくよかで優しく、子どもを生み育て、家族をケアする人」が理想の女性イメージでしたが、ツイッギーの出現と共に、メディアを通して「細くてボーイッシュで、活動的な人」という女性イメージが評価されるようになりました。

ところで、欧米の先進国では十九～二十世紀にかけて産業・工業化が急速に進み、その間に世界大戦を二回体験しましたが、この産業化政策を促進させるためには、「女性は家庭で、男性は社会で」という性別役割分業の理念が必要だったのです。女性はどんどん子どもを生み育て、社会の労働力として戦力として子どもを生産することが期待されていましたし、男性は競争社会で打ち勝って、権力と富を手に入れるという上昇志向が受け入れられていました。

わが国においても、この潮流は遅ればせながら確実に到来し、高度成長期を謳歌しました。ところが、世界的に六〇年代終わりに、黒人の市民権運動、大学闘争、ウーマン・リブなどが起こり、既存の価値観や社会経済政策への批判が噴出し、産業化および脱産業化と消費社会への移行というシナリオはほころび始めたのです。

さて社会体制や価値観が揺るぎだし、人びとがさまざまなストレスに晒されるとき、その影響を一番受けやすいのは思春期の子どもたちですし、それがますます低年齢化しているのがわが国の現状なのです。そして子どもたちは、自分たちの受けているストレスを意識化し言語化するよりも、容易に身体化する傾向があることも確かです。

七〇年代から九〇年代にかけて、思春期の子どもたちに摂食障害が増えたのは、ポスト産業化時代の消費社会への移行期であること、すなわちブレム（一九九二）[3]の表現を借りれば、プレ・フェミニズム時代からポスト・フェミニズム時代への移行期という時代的・社会的要因が大きく影響していると言えます。摂食障害は、まさにディニコラ（一九九〇）[6]が述べているように、文化変化症候群と言って良いでしょう。

さらに、摂食障害が増加した要因としては、メディアやハイテク化の影響を見逃すわけにはいきません。本来、人間の欲求は個体に備わっており、それが動因となって人間の営みが行なわれる訳ですが、産業社会が消費段階に移行してくると、人間の欲求は社会や文化によって創出され、それがメディアやＩＴ技術を介して伝達され、人間の消費活動を刺激するという逆転現象が起こります。

「痩せていること」が女性にとって最高の価値だと言わんばかりに、ファッション業界も食品・ダイエット産業もスポーツ業界も多くの製品を作り出し、それに対する購買意欲をかき立てるように人びとを操作してきます。「太っていること」は罪悪であり、存在価値を否定されるようなもので、それゆえに肥満への恐怖は人びとをパニック状態に陥れます。若い思春期の女性たちはこの影響をもろに受け、拒食を続けたり、あるときは突然過食に走ったり、過食と嘔吐を繰り返したり、何をどのように食べてよいか分からない混乱状態に陥り、摂食障害を起こしてしまうのです。

■母娘関係の文脈から見た摂食障害

摂食障害に関しては、精神分析学派や対象関係学派の人びとがさまざまな研究を行なって来ました。これらの専門家の多くは母娘関係に注目し、特に母親が娘の女性モデルになり得ない場合に、娘の側に、女性性拒否あるいは成熟拒否からくる摂食障害が起こるのだと主張してきました。そもそも摂食障害の始まりは、多くの場合、母親の作る食事を食べなくなるとか、家族と食卓を共にしなくなるとか、自分で作ったものを自室で独りで食べる（孤食）とかになります。これはあながち間違いとは言えませんが、フェミニスト・セラピーの立場から言えば、母親世代が育って来た社会的・歴史的文脈を考慮して説明し直さなければなりません。

前述のように、摂食障害が多発した七〇年代の母親の世代は、生産至上主義の時代に育ち、女性は生殖、すなわち出産と子育てにのみ関与した世代であり、母親自身が勉強したり仕事についたり、自分の人生をどう生きるかについての選択肢の少ない時代に育ってきたのです。しかし、娘の世代は価値の流動化と多様化が始まりかけた時代に生を受け、人生の可能性にかけるという前向きの時代に育っているのです。母親は家庭のなかで、子どもたちに安全で居心地のよい場所と母親の手料理を提供することに全エネルギーを注ぎ、娘たちはその姿を自分自身の将来のモデルにしようとはせず、母娘の間には乗り越えがたい世代間の葛藤が生じたのです。

これらを具体的に裏づける研究は、ブレム（一九八六）[19]やオーバック（一九八八）[2]によって行なわれており、摂食障害の外来患者十二人は、ほぼ全員が常勤として働いているのに母親たちは半数しか働いたことがなく、摂食障害の入院患者四十人の母親は、境界例入院患者の母親に比べ、就労率では有意差がないものの、専門職に就く割合は有意に低かった（摂食障害が三〇％、境界例が五〇％）と報告しています。さらに、娘たちは全員が働いており、母親のように「フルタイムの家庭製作人」にはならないと述べているのです。このように、母と娘の仕事や人生に対する情熱の隔たりは大きく、この世代間の葛藤が摂食障害の原因になっていると思われます。

ところが、この仕事を巡る世代間の葛藤も、九〇年代になると徐々に軽減され、西欧諸国においては摂食障害の出現率が減少傾向にあると言われています。逆に、英国に住むアジア系の思春期女性たちに摂食障害が増加したり、フィヒターら（一九八八）[7]はドイツに移住したギリシャ人女性において、痩せ願望が少ないのに摂食障害が高率になったり、カフマンら（一九八九）[11]はキブツで以前になかった摂食障害が増加していると報告しています。

これは、移民の娘たちが母国文化と移住先文化との葛藤、あるいは文化の変化を体験していることを意味し、キブツに関しては共同生活から核家族化への移行が、子どもたちに与えるストレスを物語っていると思われます。このように見ると、母娘の葛藤は、母と娘の個人的なものというより、世代間あるいは社会的・文化的価値観の相違という面が強いように思われます。

■父娘関係の文脈から見た摂食障害

母娘関係よりは少ないようですが、父娘関係が摂食障害に及ぼす研究もいくつか見られます。ミッチャーリッヒ（一九六三）は『父親なき社会』[15]を著しましたが、この頃から少しずつ父親研究も行なわれるようになり、わが国では、石川ら（一九六〇）が『アノレキシア・ネルボーザの症状と成因について』[9]のなかで、母娘の密着した関係と対比して、「家庭のなかで影の薄い父親」を想定しています。

また、ストローラー[22]（一九六八）は、前エディプス期の父親の役割として、①母親を支え助ける機能、②報酬と懲罰とにより子どもの行動を直接的に調整する機能、③同一化のモデルとしての父親の機能、④愛情対象としての父親の機能を述べています。

さらに、フランスの精神科医ジーンメら（一九九一）は、『神経性食欲不振症の家族環境――治療への影響』[10]のなかで、摂食障害の父親の病理として、①不在の父親（死亡、離別）、②影の薄い父親、③娘に対する逆エディプス・ポジションが明らかな父親（娘に対する性愛的行動）、④母親的父、父親の女性同一化傾向、⑤重症の性格障害をもつ父親（自己愛的、衝動コントロール困難、孤立、女性恐怖など）、⑥精神病構造をもつ父親にタイプ分けしており、特に④から⑥の父親をもつ摂食障害の患者では、その重症度が高いと述べています。

ちなみに、母親の病理としては、一番多いのが「めんどりタイプの母親」で、家族のために自己犠牲的で活動的ですが、感情表現が少なく食事を与えることに徹する母親と述べています。さらに、「不安・抑うつ的な母親」「精神病構造の母親」と続きます。

次に東原ら（一九九四）は『父親の態度に照らしてみた摂食障害の発達の病理』(24)のなかで、二〇例の摂食障害患者の両親について分析を行なっています。それによると、父親の六〇％が実父との現実的な父親体験をもたず、四〇％の患者が、実父に対して懲罰的・禁止的な陰性のイメージをもっていると報告しています。

したがって、摂食障害患者の多くの父親に見られる特徴的な態度は、①過度な活動傾向（仕事熱心で家でもくつろがず、働くことに最高の価値をおいている）、②並外れた努力と達成への過度の欲求（勤勉・努力型で、競争に打ち克つことを至上価値とする）、③家庭内における回避的態度（患者の問題や嫁姑のもめごとなど、見て見ぬふりをする）、④食事（摂食）に対する過度のこだわり、あるいは無関心と、四項目にまとめられます。

■母－父－娘の三者関係の文脈から見た摂食障害

以上述べたように、母娘関係の文脈から摂食障害の病理に迫ろうとする研究は多くなされて来ましたが、最近は父娘関係の見直し、さらに家族療法からのアプローチも加わって、母－父－娘の関係から病理を探ろうとする試みが始まっています。

既出の東原ら（一九九四）(24)の研究では、二〇例の分析対象事例から四つのパターンを抽出しています。

（1）**母親が患者を依存対象とする場合**：母親の娘に対する過保護・過干渉によって、母子の心理的一体化が起こり、現実の父親は母子カプセルの外に追いやられ、娘が代理夫の役割を果たしていく場合です。

（2）**父親が患者を依存対象とし、その関係は過度の欲求充足的である場合**：父親が娘に対して、無自覚に情愛的あるいは近親姦的接近を行ない、娘は代理妻の役割をとり、母親は排除されていきます。たとえ娘の方で母親に接近しようとしても、父親が母親を批判したり脱価値化したりして、父親の元に娘を引き付けようとする力動が働きます。

（3）**患者が家庭内の雰囲気を嫌い、自ら進んで父母から距離を取る場合**：娘は早くから父母を嫌い、家庭外に依存対象を求め、そのなかで多大のストレスと喪失を経験しています。

（4） 父母それぞれが患者から距離を取り、患者に関心が向けられない場合：父母ともに患者にあまり関心をもたないか無視していますが、両親の意識としては「患者の自立、主体性の尊重」という形で、これを合理化していることが多いのです。

■自己アイデンティティの文脈から見た摂食障害

摂食障害の好発年齢は、思春期から青年期前期さらには青年期に至り、筆者が治療した最高齢の女性は四十歳を少し越える年齢に達していました。これはモラトリアム化が進行している現代にあっては、うなずけることです。

なぜなら、摂食障害の根底には、青年期前期の発達課題である自己アイデンティティの確立が、うまくいかないことに最大の原因があるからです。性別役割分業によって世の中が何とか回っていた時代には、親やその前の世代から受け継がれた人生、たとえば農業や家業を継いだりサラリーマンで過ごしたり、自分たちの分をわきまえれば、たいした間違いもなく人生をまっとうできたものです。

ところが、現代のように価値の多様化が起こり、「自分らしく生きる」という自己実現が可能になると、そこで生きづらく感じる人たちも多くなってきます。特に若い人や女性たちは、必ずしも親の生き方をモデルにできず、ときには親の生き方を批判しながら親と決別しつつ、自己実現の道を歩まなければならなくなります。

このような自己アイデンティティの確立という自分との厳しい戦いから一時退却し、摂食障害という嗜癖の世界にこもっている姿こそが、彼女たちを描写する一番適切な表現のような気がします。

エリクソンによれば、自己アイデンティティの確立は、一応、思春期から青年期前期に行なわれますが、この時期に関係なく、人間は一生自己のアイデンティティを求めて旅するのです。しかし、特にこの時期は、職業選択と対象（パートナーになる人）選択という人生の重大な課題が立ちはだかるので、この課題に取り組もうとするとき人は、今まで親から伝えられて来た価値観や夢に措《お》いていた理想を手放さなければなりません。

そのとき人は、大いなる不安や恐怖感に圧倒され、自分を守るために摂食障害という嗜癖《しへき》あるいは疾病の世界に逃げ込んでしまうのです。拒食や過食・嘔吐だけに囚われてそれに悩むことは、そのとき取り組むべき職業選択や対象選択などのもっと重大な課題を棚上げすることになるのです。

「何もできない駄目な自分だから、どうなりたいかなんか分からない」「こんな太っていては、誰も私を好きになってはくれない」と自己の価値下げをすることで、選択行動を起こさないことへの言い訳ができます。

このように、摂食障害の人びとの心の奥には、「自分は何もできない」という無力感、無価値感、自己不確実感などが強く、否定的自己イメージが大きく横たわっています。この否定的なイメージは、自己不信とともに他者不信を生み出し、極端になると家庭や社会から孤立し、摂食障害などにしがみつき防衛の壁を強固にし、ますます自己アイデンティティの確立という課題から遠ざかってゆきます。さらに、食べずに痩せ衰えて行く子どもを見て、親は心配のあまり赤ちゃんのように世話をして生き長らえさせようとします。親に注目され世話をされることは、一時的な満足をもたらしますが、却って反発・抵抗を招き、関係を悪化させることにもなります。そして、ますます摂食障害という病いから抜け出せなくなるのです。

6章 女性と愛しすぎる女《ひと》たち

1 事例提示〈瀕死の恋人を愛しすぎた女《ひと》〉

■瀕死のナルシスとの出会い

Fさんがフェミニスト・セラピー・センターを訪れたのは、今から五年位前のことでした。小柄で可愛らしい女性で、少し幼い愛くるしさが二十八歳という実際の年齢より彼女を若く見せていました。一見して大きな悩みを抱えていて、とても消耗した感じでした。話し出したとたん、彼女の大きな目から涙が止めどなく流れました。今まで十年近くも、家族にさえ言えなかった重大な秘密が、あまりにも大きくなり過ぎて、重くて辛くてもう一人では持ちこたえられなくなったのです。そして、六歳違いのお姉さんから勧められた『愛しすぎる女たち』(1)を読んで、自分もこの病いに違いないと思って、その本の巻末に出ていた当センターを頼りに来所したのです。

Fさんの恋人は、彼女より十歳年上のアート・デザイナーですが、彼と運命的な出会いをしたのは、彼女がまだ高校三年生のときでした。たまたま入った彼の個展で、言葉を交わしたのが始まりで、それからずっと彼の芸術の虜《とりこ》になってしまいました。彼女自身も将来は、インテリア・デザイナーになる夢をもっていて、彼と付き合うことは彼女の人生の夢に近づくような、可能性が広がるような錯覚を抱かせたのです。

彼の仕事の手伝いなら何でもやりました。展覧会の準備のために、力仕事はもちろんのこと、夜食の差し入れからお金の工面までしました。彼女の父親は手広く事業をやっていて、目に入れても痛くないほどFさんを可愛がっていて、ゆくゆくは四人兄弟の三番目の彼女に稼業を継いで欲しいとさえ思うのでした。ですから彼女がお金を無心すれば、そこそこのお金が手に入り彼に用立てすることもできたのです。こんな風に彼に夢中になり、寝ても覚めても彼また彼の生活でした。

Fさんは受験生なのに、まったく学業も手につかず、二浪、三浪と無為に日々を過ごしました。さすがに彼女もこれではいけないと思い、意を決して彼からも両親の元からも離れるために、関西の大学に入学しました。四年間の大学生活は惨憺《さんたん》たるもので、彼を忘れるために多くの男性と深い仲になりましたが、何の満足も得られず次から次へと男性を替えました。Fさんの荒れた生活は、頭痛や心悸亢進などの自律神経症状、アトピー性皮膚炎などの悪化をもたらし、親元に戻るしかないと決心し夢中で勉強して何とか卒業にこぎつけました。

卒業と同時に踵《きびす》を返すようにして実家に逃げ帰り、しばらくは無為徒食の引きこもりの生活になりました。一年近くたったある日、突然懐かしい彼から電話が入り、個展のアシスタントになって欲しいと頼まれました。もちろん、Fさんはそれまでの引きこもり生活とさよならして、社会に出る絶好のチャンスと思い、二つ返事で承諾しました。

しかしこれは、高校時代から関西の大学に入学するまでの第一次のめり込み期の再開でしかありませんでした。Fさんは彼に「献身的な愛」を捧げましたが、彼はそれに応えてくれるわけでもなく、あくまでも師匠とアシスタントの関係に過ぎなかったのです。ほとんど見返りのない不毛な第二次のめり込み期はしばらく続くことになりました。

■「白馬の王子様」を求め続けた青春時代

それではなぜFさんは、こんなにまでして献身的に男性にのめり込んでしまったのでしょう。このパターンは幼い頃からあったのかもしれませんが、原型と言えるのは高一の頃にはっきり現われます。クラブの先輩を「白馬の王子様」のように慕い、お弁当作りからユニフォームの洗濯まで、身の回りのことすべてに気配りし、感謝されることもなく陰のサポーターに甘んじていたのです。次はフランス語の教師です。夜遅くまで教室に居残り、自分の勉強をしながら先生を待ち続け、そのうち先生から頼まれた仕事の手伝いをするようになり、彼女にとっては夢のような日々が過ぎていきました。このように彼女は、素敵で尊敬できる男性を一方的に好きになり、まるでアベラールとエロイーズのように、プラトニックな愛、無償の愛に生きようとするのでした。

ところが、彼女も生身の女性、性的な欲求が芽生えてくる時期になると、このようなプラトニックな関係だけでは、満足が得られようはずはありません。大学時代には、次から次へと男性を求めて性的な関係に入りますが、一度も満足を感じたことがありません。また、現在の彼とは、一度も性的な関係をもったことがありませんが、そのほうが素晴らしい愛なのだと自分に言い聞かせながら過ごしてきました。

ところで、シェフというアメリカの女性心理学者は、『嗜癖する人間関係――親密になるのが怖い』(2)のなかで、嗜癖には三つのタイプ「セックス嗜癖」「ロマンス嗜癖」「人間関係嗜癖」があると述べています。「愛しすぎる女たち」は、シェフの分類では「人間関係嗜癖」に当たりますが、Fさんの場合は、それに「ロマンス嗜癖」が加わっていると考えられます。

アメリカ版の「ロマンス嗜癖」は、いつか白馬に乗った王子様が現われて、ファンタジーの世界に誘ってくれると信じて、どんな現実にも直面しようとせず、花に集まる蝶々のように甘いロマンスの蜜を求めて、男性から男性へと飛び回るのです。日本版のFさんは、自己犠牲という装飾を加えて、相手の男性に献身的に尽くして、自分のすべてをつぎ込んでしまうのです。

■立ち止まるのが怖い

Fさんが、彼の不治の病いAIDSを知ったのは、関西から戻って再会してから二年も経っていました。二人だけで海外旅行をしたときに、自分の子どもを生んで欲しいと言われたのですが、それは彼からの愛の告白ではなく、限られた自分の人生の証しに自分の分身を生んで欲しいと言うことに過ぎなかったのでした。それでもFさんは、迷うことなく喜んで、彼のために残された日々を燃焼し尽くそうと心に決めました。

限られた時間内に、Fさんは彼の芸術的才能を余すところなく開花させようと励まし、また彼からそれらをすべて吸収しようと貪欲に彼との人生に取り組んだのでした。二人の生活の糧を得るために、Fさんは昼間にはトラックの運転手になって重い荷物の揚げ降ろしまでして、夜には彼のアトリエに行って、彼の芸術的才能を盗みとらんばかりに勉強するのでした。

それは彼との限られた人生に自分の人生を重ね合わせて、二人で生を全うし死を共にするといった鬼気迫るものでした。またそうでもしないと、彼の不確かな愛情と病気や迫りくる死の不安に負けてしまいそうで、ただひたすら走り続ける機械仕掛けの人形のようでした。

■入院をきっかけにしたおこもり期

ところでこの頃、Fさんは彼との運命的な出会いと自己犠牲的な愛を内緒にして、ある大学病院から抗鬱剤をもらっていました。しかし、あまりの苦しさに精神科医の勧めで、現実から逃げるように入院してしまいました。この急展開に周囲の人びとはびっくりしましたが、考えてみると、先のない彼に人生を託してがむしゃらに生きようとするFさんには、この入院とその後のおこもり期はなくてはならないものだったのでしょう。

この入院期間中に、彼を交えたミーティングが何回か開かれましたが、彼の優柔不断な態度にFさんを含めた家族全員が、彼に怒りや絶望を投げかけたのでした。これを機に、彼とは一切関わりをもたないというのが周りの意見でしたが、Fさんのたっての願いで、師匠と崇める彼の主催するデザイン教室に週一回通うことだけが許されました。

Fさんは退院後、相変わらずトラックの運転手を続けていましたが、前のような無茶な働きぶりではなく、定時に仕事が終われば自室にこもるという、言わば蝶がサナギを作ってそのなかにこもるような時期でした。今までは、自分のための時間など一分たりともなかったFさんでしたが、このときに初めて自分の時間の大切さをしみじみ実感し、独りでいることが不安でなくなったのです。

彼のデザイン教室には定期的に通い、先生と生徒の域を越えないように努力しましたが、彼の病気が進行しているのを聞かされたり、展覧会が追ってくると手伝いたくなったりして揺れました。

「元に戻りそうなので、助けて！」というSOSのサインが、この頃だんだん増えてきて、セラピストは、FさんがS危機を自覚してSOSサインを送ってこられることが、大きな回復への一歩であると伝えて、エンパワーメント（力づけ）したのでした。

「あと残された時間は少しだから、助けて欲しい」「ずっと側にいて欲しい」と真剣に懇願され、「寂しい」と泣きながら彼に抱きすくめられると、Fさんは自分の決心や家族との約束が雲散してしまいそうになりました。

「あなたは彼に抱かれて、お互いの寂しさや愛を感じられる？」とセラピストが投げかけると、Fさんは我に返ったように否定するのです。

「彼はあなたを抱いているけれど、それは彼自身と抱き合っているのではないかしら……」こんな厳しいセラピストの言葉も、少しずつ受け入れようとするFさんでした。

一方、彼も彼女に負けず劣らず、自らの美形に（Fさんは、彼の外見的美しさには一言も触れていませんが）、というより自らの芸術性に陶酔している姿が想像できます。そして迫りくる死が、さらに美しさと凄惨《せいさん》さを際立たせて、Fさんを虜にしてしまうのです。

彼との先のない愛にのめり込み、その現実を見たくないがために仕事中毒（ワーカホリック）になり、心も体もぼろぼろにしてフェミニスト・セラピーを求めてセンターに飛び込んできて約五年、今では彼とはすっかり別れ、会社でデザイナーとして誰にも負けない仕事をしているということです。

2 「愛しすぎる女たち」とは？

■愛しすぎる女たちの特徴

一九八五年に、アメリカのカウンセラーであるノーウッドが『愛しすぎる女たち[1]』という本を出版しましたが、三年後の一九八八年に日本で落合恵子氏による翻訳が出されました。十年を待たずに二十版が発行されるというベストセラーで、今でも根強い人気を保ち続けている本です。

この本の第一章で著者は、「〈愛しすぎる〉ということは、……一人の男性に強く執着し、執着を愛だと思い込み、自分の人生や健康、幸福にとってもマイナスになると承知しながら、その執着を断ち切れないでいる状態をいう。それはまた、喜びではなく、苦悩と苦痛の深さによって愛情の深度を測ろうとすることでもある」と述べています。そして紹介されている多くのケースに共通することは、自分自身を、孤独で、愛されたことのない、愛される価値もない者として認知し、無視され見捨てられ破滅させられるのではないかという恐れを常にもっているため、相手の望む以上の愛や献身や救済を与え続けて、それを止めることができなくなるというのです。

そして、愛しすぎる女たちに見られる特徴を、次の十五項目にまとめています。

（1）　概して情緒的欲求が満たされない、機能不全な家庭に育っている。

（2）愛情と保護を充分に与えられずに成長したため、男性――特に何らかの助けを必要としていそうな男性――の「保護者」になりたがる。そうして、自分がかつて満たされなかった欲求を「身代わり」的に満たそうとする。

（3）両親か一方の親を、自分が求める愛情に満ちた保護者に変えることができなかったため、親とよく似た冷淡なタイプの男性に強く惹かれ、愛情によって彼を変えようとする。そうして、親へのそれと同じ努力を、彼に対して再び試みようとする。

（4）遺棄されることを恐れ、関係性を維持するためならどんなことでもする。

（5）好きな男性を「助ける」ためなら、どんなことでもする。苦労、時間、もちろんお金も惜しまない。

（6）個人的な関係で愛情を充分に得られないことに慣れてしまったため、待つことをいとわず、期待し、気に入られようといっそう努力する。

（7）どんな関係においても、むしろ積極的に多くの責任を負おうとする。

（8）自尊心が乏しく、心の奥底で自分は幸せになる資格のない人間だと思いこんでいる。そのために、努力をして人生を楽しむ資格のある人間にならねばならないと自分に課している。

（9）子ども時代に充分な保護を得られなかったために、相手や相手との関係性を管理しないではいられない。しかも、相手の状況を自分の都合のいいように管理しようとしながら、それを隠そうとする。

(10) 相手との関係において、現実の姿を見つめることよりも、理想の形を夢想することに、より多くの時間を費やす。
(11) 男性や、男性のもたらす苦悩なしではいられない。
(12) 心理的に、しばしば生理的にも、麻薬やアルコール、ある種の食べ物、特に甘いものに溺れやすい。
(13) 問題のある男性を愛したり、複雑で不確かな、精神的苦痛を覚えるような状況に身を置くことで、自分と向かい合うことを避けようとする。
(14) すぐにふさぎこむ傾向が強い。そのために、不安定な関係に身を置いて、それがもたらす刺激によって「ふさぎ虫」を抑えこもうとする。
(15) 自分に関心を持ってくれる、優しく安定した信頼できる男性には魅力を感じない。そういった、好ましいと思われる男性を退屈に思う。

（ノーウッド『愛しすぎる女たち』落合恵子訳、二〇－二二頁）

このなかで、自分に思い当たる項目はどれくらいあるでしょう。たぶん、これもこれもという具合に、私の一部、私のかけらを見つけ出すことでしょう。この本を読んだ多くの女性たちは、提示されているさまざまなケースのなかに、私の一部を見出すようです。

Fさんについても、この十五項目のうち、ほぼ十二、十三項目が当てはまっているようです。Fさんの話からは、両親や同胞との関係にはそれほど問題があったようには思えませんが、もしかすると彼女の言う愛情に満ちた家族関係は、彼女の願望や幻想であるかもしれませんので、（1）（2）（3）については保留にしておきましょう。

Fさんに一番特徴的なことは、（4）（5）（7）（8）だと思いますし、さらにFさんの人生を見ていると、困難な関係や状況にあえて自分の身を置くという印象を拭えません。彼と別れてから付き合った男性たちが彼ほどでないにしても、精神的に病んでいたり妻子ある職場の人だったりで、優しく安定した信頼できる男性が側にいるのに求めないのです。まさに、メサイア・コンプレックス（救世主、人を助けたいコンプレックス）の権化のような人です。

■Fさんとのセッションで扱われたテーマ

それでは五年間のセラピーで、何がテーマになって回復に向かったかを簡単に整理しておきます。まず、第一のテーマは、Fさんが語る文脈のなかに、彼女自身の主語を取り戻すことです。彼女の話を聞いていると、自分自身のことなのか彼のことなのか、セラピストが混乱してきて主語が分からなくなってきます。これは母親の場合でも妻の場合でも、かなり多くの女性の話で起こることです。なぜならば、女性は躾けられるプロセスで、「自分勝手ではいけない」「まず人のことを考えないといけない」「自分を出すと嫌われる、苛《いじ》められる」などと言われて育つからです。

Fさんの場合も、「Fちゃんは人の言うことを聞く素直な子」「Fちゃんは誰にでも優しい良い子」

と言われて、可愛がられてきました。ですから、彼との間でもこの「他人志向型」のパターンは知らず知らずに出てしまい、彼のニーズ、彼の願望、彼の情念などに無意識に合わせてしまうのです。Fさんが、愛しすぎる女から回復するには、まず話の主語が誰なのかを識別して、そのうえでFさんが主語になる話を増やしていくことです。アイ・メッセージ（I-Message）を取り戻すことですが、さらにそのときに感じた自分の感情に焦点を当てながら、自分の願望から出てくる行動に焦点づけをすることです。彼が望むからではなく、私がしたいからこの行動を選ぶのだと自覚してゆくことです。

第二のテーマは、面倒を見たり世話をしたりする対象は、自分自身なのだということを自覚することです。愛しすぎる女たちにとっては、いつも他人に気遣いし世話することが当たり前であり、それに感謝というご褒美がつくと無上の喜びになるのです。子どもの頃から、兄弟姉妹の世話役、親の愚痴の聞き役、慰め役、両親の仲裁役など、ケアと言われる役割をこなし、長じれば子どものケア、夫のケア、病人のケア、老親のケアなどと限りがないのです。そして気がつくと、他人のケアにかまけて、一番大切にすべき自分自身を一番粗末にしてきたのです。

自分自身をケアすることは、自分自身がかけがえのない存在だと自覚することであり、自信や自尊心や自己肯定感を取り戻すことでもあるのです。よく言われるように、自分を好きになることが愛しすぎる女からの回復の第二ステップなのです。

第三のテーマは、抑圧してきた生の感情を取り戻すこと、特に怒りや恨みなど、ふだんはあまり歓迎されない感情を表出してそれを自覚することです。これは、過去の人間関係のなかで起こった感情と、今ここで（here and now）セラピストとの間で起こっている感情の両方の表出が必要です。たとえば、あるときセラピストは止むを得ぬ事情で、面接時間を大幅に過ぎたのですが、「今日はどうしても話したいことがあったのに、もう話す気はなくなった。帰ります」と、セラピストを振り切って帰ったことがありました。

次のセッションで、セラピストは前回の遅刻を心から謝るとともに、Fさんがセラピストに対して生の怒りを初めてぶつけて、席を蹴って帰ったという主体的で能動的な行動を評価したのです。Fさんはこのとき初めて、正当な怒りは出しても、相手から不当に扱われたり嫌われたり、人として全面否定されたりすることはないのだと気づいたのです。

第四のテーマは、独りで頑張らないで、仲間やセラピストたちとつながることで、エンパワーメントされる必要があることです。特にフェミニスト・セラピーでは、共通の問題を抱えている仲間が集まって、話し合いながらお互いの問題に気づき、癒やし合う自助グループ活動が盛んです。Fさんは愛しすぎる女たちのグループに参加して、自分の振る舞いやコミュニケーションの特徴を把握したり、仲間のそれらを見ながら自分自身を再点検したりする仕事をセラピーと同時並行的に行なったのです。

これが瀕死のナルシスを愛しすぎたFさんの哀しい物語です。ナルシスとは、ギリシャ神話に出てくる美少年で、湖に映し出された我が身のあまりの美しさに魅了されて、その身を湖に沈めた話から、自己愛の強い人のことを総称する言葉になっています。

■**愛しすぎる女たちが回復するために**

それではFさんのような女性が、「愛しすぎ中毒」という病いから回復するためには、どうしたら良いか、ノーウッドは次の十点にまとめています。[1]

(1) 助けを求める。
(2) 回復することを、生活のなかの最優先事項にする。
(3) 同じ悩みの理解者、経験者で作られた支援グループを見つける。
(4) 日常の習慣を通して、精神面の(霊的な)充実をはかる。
(5) パートナーを管理し、操縦することをやめる。
(6) 「依存症ゲーム」に熱くならないようにする。
(7) 自分の欠点や問題を、勇気をもって直視する。
(8) 自分のなかで成長させるべきものは、何でも育てる。
(9) 「自己中心主義」になる。
(10) 自分の経験や学んだことを人と分かち合う。

(ノーウッド『愛しすぎる女たち』落合恵子訳、二九七頁)

以上のことは、どんな依存症、嗜癖、中毒症の治療にも当てはまることで、フェミニスト・セラピーが目指すゴールも、これらに酷似しています。

まずFさんは、苦しくなって、姉から『愛しすぎる女たち』(1)の本を教えてもらい、自分から私たちの所に治療を求めにやって来ました。これはとても勇気のいることです。なぜならば、助けを求めることで、パートナーとの関係が終わってしまうのではないか、治療者に自分たちの関係を否定されるのではないか、秘密が漏れてしまうのではないか、などと架空のさまざまな不安と恐怖が涌いて来ます。しかしFさんは、このことに負けずに、(1)(2)をクリアーして、回復することを最優先にしました。

次に、セラピストと治療契約をします。面接時間は一回五十分で、面接料金も決まっていますし、面接頻度なども、週一回から月一回の間で決められます。大切なことは、治療目標、それも差し当たっての短期目標と長期目標を決めることです。

Fさんの場合であれば、当面の目標は、執着している彼から離れ、自分自身を取り戻していくことであり、長期目標は、自分を好きになり自分自身で立ち、自己実現を達成していくことです。

このように、ある程度の治療の枠組みと治療契約が取り交わされますが、面接治療の初期段階では、セラピストとクライエントとの信頼関係が築かれます。このプロセスで、(7)の直面化が進み、(5)(6)の依存とコントロールのパターンに気づいていきます。

この頃になると、グループ治療を並行させることが多くなります。最初から個人治療と同時に始めることもありますが、ある程度のセラピストとの治療関係ができてからの方が効果的です。Fさんの場合は、「愛しすぎる女性のグループ」に参加して、自助プログラムに接することで、(3)(10)をクリアーしました。また、相手の期待や要求に合わせることが上手なFさんには、ときにアサーション・トレーニングなどに参加して、(9)の課題に挑戦してもらうことも勧めました。

こうして、(4)あるいは(8)などの、より高度で成熟した人間性の獲得が可能になるのです。しかし、この段階までいく人は少なく、また五年、十年と時間がかかりますし、Fさんのようにそこまで到達しなくても、現実にはかなり楽に自分らしく生きることはできます。

Fさんと治療が終結したのは、彼との関係がきっぱりと切れて、その後どのような誘いにも心が揺らぐことはなく、「彼の人生は、私が行く人生とは違って来ました。私は愛しすぎる病いからやっと回復して、自分の先が見えるようになりました。今は私の手掛ける仕事が、お客さんから信用され、それに応えられる自分が好きです。今までは自分が好きだと思ったことは一度もなかったので、本当に嬉しいです」と、爽やかな語りを聞かせてもらったときで、セラピストもクライエントも、あ・うんの呼吸で終結が感じられたのでした。

その後、何年かして彼女から一通の結婚通知が届きました。今では、クライエントとセラピストという関係を卒業して、季節の挨拶を交わす仲になっていますが、ときどき彼女のケア役割が顔を覗かせ、巻き込まれていることを知らせる手紙を受け取ることがあります。でも、新しいパートナーと何とか解決しているようで、私は遠くで見守るおばさん的存在になりました。

7章 女性と人間関係嗜癖《しへき》

1 事例提示〈どうしても男性遍歴が止まらない！〉

■はやばやとセラピストをコントロール

Gさんは、年の頃は三十歳をかなり超えていますが、奇麗にお化粧をして、身繕いも若々しく決めており、現役の大学生と言っても誰もが信じてしまいそうな素敵な女性です。彼女が抱えている問題は山ほどありましたが、一回二時間のセッションで問題を整理しようという思いで来ていたため、話はあらかじめ、時間の経緯に沿って要領良くまとめられていました。このエネルギーと集中力は、

Gさんの生き方そのものを支えている源泉であると同時に、セラピストまでも自分のペースに巻き込もうとする威力があります。

実際、Gさんの人生の一端に耳を傾けると、それ以上に聞いてみたい衝動に駆られます。これは、人間関係嗜癖の人特有の、相手を引き付けて離さない魅力ですが、言い方を変えると、自分本位で相手を意のままにコントロールしようとする御しがたい性格とも言えます。

この点では、セラピスト自身も、最初からGさんの操作的な戦略に嵌《は》まったと言えるかもしれません。伝統的な心理療法では、セラピストは治療の枠組みを作り（週一回、五十分間など）、クライエントはこれを順守することが鉄則であり、クライエントの要求に応じて時間を延長することは良くないと判断されます。

ところが、嗜癖のクライエントはいつも自分に自信がなく見捨てられ不安が強いので、人に自分の要求（時に身勝手な要求）を突き付けて、受け入れてくれる人は良い人、拒否する人は悪い人という構図を無意識に作り上げます。そのため、それほどたいした要求でなくても、拒否されるとまるで人格全体を拒否されたように感じ、誤解と恨みを抱いて立ち去っていきます。

また、嗜癖の人は一般的に、相手を巻き込んで自分のコントロール下に置こうとする傾向が強く、こうしないと不安でたまらないのです。ですから逆に、誰かが自分をコントロールしようとすると、過度とも言える敏感さで反応しその人との良い関係が作れなくなるのです。

■夫への不満をカードで解消

Gさんが結婚したのは十九歳のときでした。高校を卒業して家を出るために、夜も昼も夢中でアルバイトをしてそこその収入を得て、アパート一間の生活をはじめました。働き詰めで何の楽しみもありませんでしたが、アパートの近くの喫茶店でクラシックを聞きながら、たばこを十本ぐらい立て続けに吸うとやっと自分自身を取り戻せるのでした。

この世に独りぼっち、頼る人は誰もいない、そう思うと恐ろしくて、まるでワーカーホリック（仕事中毒）のように夢中で働いて、孤独感や寂蓼感を癒やしていました。そんなある日、街中でビデオのディレクターという男性に声をかけられ、彼の仕事の手伝いを頼まれました。怪しい人とも思ったのですが、騙されても失うものもなかったので求められるままに時間を工面して、夜討ち朝駆けで彼のスタジオに馳せ参じたのです。Gさんにとって、このとき初めてしっかり地に足を着け、人の役に立っている自分を感じたのです。

知り合って三カ月で結婚し、その後九年間、曲がりなりにも結婚生活が続きました。仕事上の役割としてはずっとアシスタント・ディレクターでしたが、これが二人の関係を険悪なものにしていきました。彼女らしいアイデアや考えを伝えても、彼は言下に否定し、Gさんが出過ぎることを好まなかったのです。

これは家庭生活にも現われ、Gさんが自由にできるお金はほとんどなく、すべて夫が財布の紐を握っていました。それでも結婚当初は、家計のやり繰りを一切任されていました。しかし、夫との間で諍《いさか》いが起こると、その後一週間ぐらいは必ずクレジット・カードで化粧品や洋服を買いまくっていたため、夫に財布が移ってしまったのです。

このようにGさんは、家でも職場でも夫に牛耳られ、自由に自己発揮ができなかったのです。夫にコントロールされているGさんは、買い物をして何百万円ものつけを夫に負わせることで、やっと溜飲を下げていたのかもしれません。二人は子どもに恵まれず、その代わりにカードで買った商品とその請求書が山のように残されたのです。

■求めているのに、親密になるのが怖い

結婚生活を解消したGさんは、また元の一文無しの独りぼっちになってしまい、高校を卒業した十八歳のままでした。夫との九年間の結婚生活で得たものは、すべて消え去ってしまいましたが、もしかすると、つかんだと思った愛情や親密さは幻だったのかもしれません。その不安を打ち消すかのように、さらに貪欲に男性との愛情生活を求めました。

ある時期は、同時に二人の男性と深い付き合いをし、一方の人と関係がこじれると、別の人に慰めを求め、まるで振り子のように虚しく往復運動を続けるのでした。Gさんのこの姿は、人間関係嗜癖と言われる人のありようにそっくりです。

彼女は、親密で真実の人間関係を渇望していましたが、それが手に入りそうになると、失う怖さのためにそれを手放して別の人間関係に逃げ込んでしまいます。これではいけないと思いながらも、次から次へと男性遍歴を繰り返し、やめられずに嗜癖の深みにはまっていくのでした。

こんな生活を五〜六年続けていると、エネルギッシュだったGさんもさすがに疲れて来て、相手を一人に絞って落ち着きたいという気持ちが起こりました。そのときGさんがこの人と心に決めたのは、会社に出入りしていた取引先の営業マンでした。彼は優柔不断で依存的で、Gさんの理想の男性とはほど遠く、なぜだか分からないままに彼に一点集中し、止まらなくなりました。

あるとき二人の付き合いが会社中に知れ渡り、取引先とのデリケートな問題に発展して、上司から会社を取るか彼を取るかの決断を迫られ、間髪を入れずに彼を選んだのです。

Gさんは聞く耳をもたずに周囲から孤立し、理性的な判断も感情的なコントロールもうまくゆかず、またまた買い物嗜癖が始まりました。ダウンジャケット五着、ジーンズ七本、口紅五本、マニキュア十本が、その日の彼女がカードで買い込んだ品物のリストです。

それからGさんは気を取り直し、新しい職場で仕事を得て再び夢中で働きはじめ、自分だけになる時間をいっさい作らないようにしました。読みたい本も、見たい映画も、好きなジャズダンスもすべてを諦め、知らず知らずに、彼の好みに合わせているのでした。こんな生活でしたから、買い物嗜癖のほうは止まるところを知らず、溜まりに溜まった借金が五百万円を越えてしまいました。

さすがに事の重大さに気づいたGさんは、三年間の借金返済計画を立て、昼間は会社員夜はレストランのウエイトレスで、一日十五時間働くことにしました。そしてある日、彼に電話できっぱり別れたいと告げて電話を切ったとたんに、今まで経験したことのない息苦しさと、死ぬかもしれないという不安に襲われ、パニック状態に陥ったのでした。

■被虐待のフルコース

それでは、Gさんは幼少時どんな生活をして来たのでしょう。

Gさんは、物心付くか付かないうちに両親が離婚し、四歳のときに母親が再婚して、しばらくは記憶に残る嫌なこともなく平穏な日々が続いていたようです。Gさんが小学校に入った頃より、母親は口うるさく勉強を強要するようになり、サボったり成績が悪かったりすると、容赦なく殴る蹴るの暴力を振るうのでした。

Gさんは初め、「なぜ暴力を振われるのか分からなかった」のですが、そのうちに「何事も怒られるからやる」「言われなければやらない」「何がやりたいのか自分で分からない」「自分で決めたことはけなされる、やらせてもらえない」というふうになりました。

Gさん自身の判断枠がまったく育たず、いつも母親の判断枠に従うしかなかったのです。こんな母親でしたが、Gさんが中学二年のときに急に癌で亡くなり、その後Gさんは、悲しいのか辛いのか分からず、自分の感情をつかめないままにしばらくボーッとして過ごしたようです。これが母親から受けた、被虐待体験と喪失体験です。

次に、Gさんにはもう一つ、今まで誰にも言えなかった継父からの性的虐待体験をもっています。

Gさんが四歳のとき、母親より五歳年下の継父が登場しましたが、この人は物静かでのんびりしていて温厚で、Gさんはすぐに仲良しになれました。継父は子どもの面倒をよく見てくれ、Gさんも継父とおしゃべりしたり散歩したりするのが大好きでした。

Gさんにとって、生まれて初めて人から注目されたり大事にされたりする体験で、継父も母親から「エリートのくせに、稼ぎが悪い」といつも罵倒されていましたから、Gさんと一緒のときがホッとできる一時だったのかもしれません。

そのため、夜寝つく前にキスされたり身体を触られたりしても、変でも悪いことでもなく当たり前のこととして受け入れて来ました。それでもさすがに中学生になって、母親が亡くなると、「もしかすると、近親姦なのかもしれない」と気づき始め、その頃から継父を避けてボーイフレンドを求めるようになりました。

継父はそれが面白くなくてボーイフレンドにいちゃもんを付け始め、継父から逃れようとするGさんと、彼女を独り占めにしようとする継父との間で、争いがエスカレートしていきました。ついに出された最後の切り札、「君を女として愛している」という継父のメッセージで、Gさんは継父ときっぱり別れる決心ができたのです。

■母親への思いはブーメラン

今でも継父のしたことは、悪いことかどうか分からないとGさんは苦悩します。本当はとことん継父に腹を立てて、こちらから継父をレイプでも何でもして恨みを晴らしたり、裁判で継父を性的虐待者として訴えたりしたい気持ちもいくらかありましたが、最終的にそこまで怒りや恨みが高まって来ないと言って踏みとどまりました。たぶんそれは、継父が母から言葉の暴力という精神的虐待を受け、彼女は母親から身体的虐待を受けて来たため、同じ傷をもつ二人は決定的な敵対関係になれなかったのかもしれません。

また、今でも恥ずかしいことと思いながら、継父を忘れることができないと言います。結婚していたときも離婚後も、Gさんが転々と男性遍歴を繰り返すのは、幼少時から高校まで繰り返された継父からの性的な接近と無関係ではありません。現実の男性たちから求められるとき、彼女の未整理な男性イメージは刺激され、のっぴきならない状況に彼女を追い込んでしまい、その辛さと過去の傷の痛さのため、踵《きびす》を返すように別の男性へ逃避し傾斜してしまうのです。

ところで、フロイトは、男性の「エディプス・コンプレックス」と対をなす概念として、女性の「エレクトラ・コンプレックス」という概念を使いました。これは、女性が母親をライバルとして憎み、父親へ近親姦的願望を抱くというものですが、Gさんの例のように、それほど単純ではありません。

女性が母親に抱く感情は、嫉妬や憎しみだけではなく、基本的には生まれ落ちたときから感じている情緒的な絆であり、母親から離れようとしても憎もうとしても、この絆によってブーメランのように自分自身に跳ね返って来てしまいます。このことに気づいて意識化する過程こそ、フェミニスト・

セラピーなのですが、これには時間もお金もエネルギーもたくさん必要です。Gさんは借金の問題が解決して三年後には、もう一度フェミニスト・セラピーを受けに来ますと言い残して、爽やかに立ち去りました。

2　嗜癖とはどんな癖？

■三種類の嗜癖、特に人間関係嗜癖について

アメリカの女性セラピストであるシェフは、一九八七年に『嗜癖する社会』(1)を書きました。その本のまえがきで、監訳者の斎藤学は、中毒と嗜癖の違いを比較して述べています。

アルコールを例に取ると、「アルコール中毒」はアルコールを摂取したことにより毒に中《あ》たり、その結果好ましからざる生理的変化が起こることを言います。一方、「アルコール嗜癖」はアルコールを摂取する主体の好みが問題であり、アルコールを摂取したときに得られる陶酔感や快感を強迫的に求めて、アルコールを止められなくなることを言います。

ところでシェフは、嗜癖は個人を非力にするプロセスであり、それは進行性の病気で、そのまま放置すればいつかは死をもたらすものだと警告しています。さらに、嗜癖は個人の問題というより社会のシステムの問題、すなわち家庭や社会や宗教やマスメディアが作り出すものだと言います。そして嗜癖には物質嗜癖とプロセス嗜癖があり、それらの根底には人間関係嗜癖があると述べています。

物質嗜癖は「摂取の嗜癖」とも言われ、物質を体内に摂取すること（取り込むこと）を止められない癖のことです。典型的なものはアルコール嗜癖ですが、古くはアルコール中毒症やアルコール依存症と言われてきたものです。また、すでに第5章で述べたように、食べ物を摂取せずにはいられない食べ物嗜癖（主に過食・嘔吐症で、これは摂食障害のことですが）、覚醒剤や睡眠薬やカフェインやニコチンなども、一度摂取し出すと習慣性になり、やめるのが難しい物質嗜癖です。

これとは異なり、特定の行為や何かをすることなどのプロセスがやめられないのを、プロセス嗜癖と言います。男性であればギャンブル嗜癖、女性であれば買い物嗜癖が、典型的なプロセス嗜癖です。最近では男女を問わず、仕事に夢中になって人間関係や身体を壊し、ひどくなると過労死をもたらす仕事嗜癖なども、深刻なプロセス嗜癖の一つです。また、食べ物嗜癖に近い形で、ジョギングやエアロビックスなどにはまる嗜癖もあります。女性の場合は痩身願望から来ますが、男性の場合は体をシェイプアップして自己コントロールの利く完全人間の証しのようにして励みます。以前アメリカにいた頃、オフィス街の早朝または昼休みに、食事を摂らずに夢中で走る企業のお偉いさんらしき人をよく見かけましたが、これこそジョギング嗜癖と名づけてもよいでしょう。

次に、あらゆる嗜癖の根底にあるのは人間関係嗜癖ですが、これは同じくシェフの著書『嗜癖する人間関係――親密になるのが怖い』(2)のなかで、セックス嗜癖とロマンス嗜癖を人間関係嗜癖として取り上げています。

セックス嗜癖は、パートナーとどのような親密な関係を結ぶかは問題でなく、セックスの満足のためにパートナーを次から次へと変えていきます。それと同じように、ロマンス嗜癖では、相手がハンサムで、映画に出てくるようなロマンスを叶えてくれそうな人であれば誰でもよく、一つのロマンスから次のロマンスへと相手を変えていきます。

両者とも嗜癖行動の目的は、セックスやロマンスを実現することであり、したがって嗜癖者は親密で真実の人間関係を求めるのではなく（無意識には求めているかもしれませんが）、一時的なかりそめ（偽り）の人間関係を求めているに過ぎないのです。

以上のような嗜癖の観点からGさんの行動を見ていくと、さまざまな嗜癖にがんじがらめになって来た人生と言ってもよいでしょう。男性遍歴をやめられないという人間関係嗜癖、さらに特に男性関係のなかで起こるストレスを解消するための買い物嗜癖、継父や夫との関係から目を背けるようにがむしゃらに働く仕事嗜癖など、いつもGさんの人生には嗜癖が付きまとっていると言えます。

■人生の課題に直面しない嗜癖者の生き方

物質嗜癖、プロセス嗜癖、人間関係嗜癖などいずれの嗜癖の場合でも、嗜癖者に共通の性格特性や行動パターンがあります。そして、それらは自分の人生の課題から回避する、あるいは直面しないですむ嗜癖者に特有の生き方に関係するのです。

まず、第一に挙げられる彼らの特徴は自己中心性です。自分本位で、常に自分が宇宙の中心に位置しているように振る舞うのです。Gさんの場合、一見、自己中心性に当てはまらないようですが、初婚の相手の選択といい、離婚後の男性との付き合いといい、自分から男性に嗜癖的にのめり込むパターンはまさにこれです。

第二の特徴は、コントロール幻想をもっていることです。アルコール嗜癖者が、「自分はいつでもその気になれば、アルコールをやめられる」と豪語するのは、あたかも自分自身をコントロールできるかのような幻想をもっているからにほかなりません。それは同時に、他人に対してもコントロールできるパワーをもっていると錯覚することです。

Gさんも言語化はしませんでしたが、実は「私がその気になれば、男性はいつでもついて来る」という自信はあったようで、だからこそ次から次へと男性に接近したと思われます。しかし一方でGさんは、自分に対してまったく自信や自尊心をもてず、暗い過去を引きずっていたため、それがばれて相手から幻滅されるのではないかという恐怖心が非常に強く、男性から男性へと遍歴を重ねて、相手をコントロールしていたのでしょう。

第三の特徴は、自分にも他人にも不正直なことです。まず自分自身の意志や感情に対して不正直です。自分というものをもたないかのように、すべて相手に合わせて自分の意志や感情をないがしろにします。これは同時に、相手にも不正直だということであり、嗜癖者は周りの人にも平気で嘘をつくことがあります。Gさんの場合は、特に継父との関係で、家族にも相手にも、もちろん自分にも嘘をつき、自分自身の感情にも触れないようにマヒさせて来ました。

第四に、否認（denial）もしばしば見られます。これは不正直さにも繋がりますが、過食・嘔吐症の女性が「そんなにたくさん食べていません。ほら身体だって太ってないでしょ」と、平気で過食やその後の嘔吐を否定します。Gさんにも、男性遍歴についてそれほどの自覚はありませんし、なぜ遍歴してしまうのか内省が乏しく、基本的にはそれを否認していると言ってよいでしょう。

第五の特徴は完全主義で、これで自分自身をがんじがらめにしているところがあります。Gさんも、心のどこかに完全ということがあり得ないのを知っていながら、自分自身のなかの不完全さに挑戦して完全たらんとします。この努力は涙ぐましいもので、自分と同じように相手にもそれを求め、かろうじて偽りの優越性で相手を圧倒しようとします。しかし、これは長続きしませんし、やがては自分の身に降りかかってきて「やっぱり私はだめな人間だ」と自分を責め、さらに完全を求めて嗜癖していきます。

第六の特徴は忘れっぽいということです。人との約束や自分の決めたことなど、すぐに忘れて同じことを何回でもやらかします。Gさんの場合も、きっかけは些細なことでも、付き合いが始まると一直線に男性へのめり込み、そこで満たされない親密欲求は、無意識に買い物嗜癖や別の男性遍歴へと転換しますが、忘れてしまったかのように懲りずに何回でも繰り返されるのです。忘れるという字は「心が亡い」と書きますが、見たところ夢中になっていても心は何処か別のところに行って忘れてしまい、こうして大事な自分の課題から目を逸らすのです。

■嗜癖から回復するための十二ステップ・プログラム

依存症や嗜癖から回復するためには、セラピーを受けながら、嗜癖にならざるを得なかった個人的体験、その裏にある家族的背景、さらには社会的・文化的問題などに触れていき、総合的に嗜癖からの回復を図らなければなりません。

しかし、それよりも有効な方法としては、自助グループ（self-help group）への参加があります。もともとアルコール依存症者への治療から始まったAAプログラムは、アルコホリック・アノニマスという名前が示す通り、依存症あるいは嗜癖という共通体験以外は、無名性（アノニマス）の下に集まった人びとの自助グループです。

自助ですから、グループ内にファシリテーターが入ることはあっても、セラピストは入らないのが普通で、そういう点ではフェミニスト・セラピーと同様、メンバーの平場性（ひらば性）のみが保障されています。次に示すのは、既出の『嗜癖する人間関係』[2]から引用した、「セックスと恋愛嗜癖者アノニマスのための十二ステップ」です。

1　われわれはセックスと恋愛嗜癖に対して無力であり、生きてゆくことなどどうにもならなくなったことを認めました。

2　われわれは自分により偉大な力が、われわれを正気に戻してくれるのを信じるようになりました。

3 われわれの意志と生命の方向を変え、自分が理解している神、ハイアー・パワーの配慮のもとにおく決心をしました。

4 捜し求め、恐れることなく、生きてきたことの棚おろし表を作りました。

5 神に対し、自分自身に対し、ほかの人間に対し、自分の誤りの正確な本質を認めました。

6 これらの性格上の欠点をすべて取り除くことを、神にゆだねる心の準備が完全にできました。

7 自分の短所を取り除いてくださいと、謙虚に神に求めました。

8 われわれが傷つけたすべての人の表を作り、そのすべての人たちに埋め合わせをする気持ちになりました。

9 その人たち、またはほかの人びとを傷つけない限り、機会あるたびに直接埋め合わせをしました。

10 自分の生き方の棚おろしを実行し続け、誤ったときは直ちに認めました。

11 自分で理解している神との意識的触れ合いを深めるために、神の意志を知り、それだけを行なっていく力を、祈りと瞑想によって求めました。

12 このステップを経た結果、霊的に目覚め、この話をセックスと恋愛嗜癖者に伝えて、また自分のあらゆることにこの原理を実践するように努力しました。

8章 女性とアダルト・チルドレン

1　事例提示〈私ってアダルト・チルドレンなのかも〉

■信頼していた医師から見捨てられて……

Hさんは現在四十五歳の独身で、大手企業の係長です。セラピーに来られるときはいつも、原色の派手めのスポーティなパンツ姿ですが、表情はどちらかというと沈んでおり、目鼻立ちがはっきりしていて、話をするとき大きな目でじっと相手を見据えるので、セラピストも一瞬たじろぐような威圧感を与えます。それでも、だんだんセラピーが進むにつれ笑顔が見え隠れして、柔らかな温かい雰囲気が伝わって来るようになりました。

Hさんと二年前に治療関係ができたきっかけは、それまで一年以上診てもらっていた高名な精神科医から、「忙しくなったので、もうあなたを診る時間がなくなった」と一方的に言われ、見捨てられてしまったからです。以前にその医師を紹介してくれた大学教授にもう一度相談して、筆者のところを紹介されたのでした。

ところで、Hさんの問題が表面化したのは四年前で、職場の直接の部下である若い女性と仕事上でトラブルが生じ、Hさんの方が傷ついて鬱状態になり、アルコールに依存して出勤できなくなったのです。部下の二十五歳の女性は、Hさんから見ると超新人類で、言ってみればわがままで自己中心的で、頼んだ仕事も気に入らないとHさんに差し戻すという具合です。Hさんの係長としてのプライドは傷つけられ、屈辱的な日々が続いていたのです。

このとき紹介されて出会ったのが男性のM医師で、精神科医の方もHさんに興味をもち、安い料金で頻繁に面接してくれたようです。Hさんが自分の過去を語り、M医師が分析したり解釈したりして、知的な精神分析治療が一年近く続きました。HさんはM医師との間で知的に触発され、もう一度職場に復帰してみようという気になったのです。

ところが、知的防衛ばかりが肥大化して、職場の現状にどう対処してゆくのかという具体的現実的プランをもたなかったため、またまた職場復帰に挫折してしまいました。この頃から、M医師の態度が一転し、「抑鬱状態」の診断書を半年ごとに二回書いてくれただけで、前述のような言葉を乱暴に投げ付けられ、M医師との治療関係は終わってしまったのです。

■お酒や小説の世界に逃げるしかない

こういうわけで、Hさんがフェミニスト・セラピー・センターにたどり着いたときは、M医師から見捨てられ傷ついた気持ちを、ビールを飲みながら推理小説や歴史小説を読み耽って忘れるという、現実逃避的な生活に流されていました。「このごろ外に出るのが不安で恐ろしくて」とか、「お酒で元気をつけないと、外に出られない」と言い訳しながら、酒臭い息を漂わせて来所しました。

見捨てられた外傷を抱えたHさんは、カウンセリングや精神療法に不信感を持ち、まずここから解きほぐしていくしかありませんでした。今まで受けてきた治療をしっかりと振り返ってもらい、不信感、不満、怒り、恨みなどを表出してもらいました。ところが、HさんのM先生への気持ちは、好きで甘えたい気持ちと怒りと憎しみの気持ちとの間を揺れ動き、アンビバレント（両価的）な心性は一筋縄にはいきませんでした。

そこでセラピストは、「あなたの怒る気持ちや恨めしい気持ちはよく分かります。でも、これ以上、ここにいない先生への思いを話されても、どうしようもないのです。もう一度M先生のところに行って、今の気持ちを伝え紹介状をもらって来てください」と伝えました。Hさんは「M先生の顔を見るのも嫌だ。絶対に行かない」と頑張りましたが、M先生への未練はたっぷりでしたし、それを引きずりながらの治療は困難を極めるので、セラピストの方も「紹介状をもらって来てくれなければ、セラピーに応じられない」と、かなり強硬に主張しました。Hさんは一カ月以上「ああだ、こうだ」と悩んだ末に、やっと意を決してM先生に会いに行き、思いのたけを十分にぶつけM先生から詫びを入れてもらいました。

「あんな有名な先生だって、ただの人。私たちと全然変わらない。もう頼りたくない」ときっぱりと言えるようになりました。この手続きには時間がかかりましたが、その後のセラピーには良い効果をもたらし、M先生への恨みはまったく鳴りを潜め、恨みの「本命」である母親へと向かったのです。

■お母さん！　私だけを見て愛して！

Hさんは、父親が五十一歳、母親が三十二歳のときに誕生した次女で、ひとまわり以上年上の姉がいましたが、彼女が物心つく頃には嫁いでいたため、実質上ひとりっ子のようにして育ちました。十年前に父親が亡くなってからは、母親との二人暮らしで現在に至っています。Hさんの母親への最大の恨みは、「私のことを心をこめて愛してくれなかった」「私は母親の愚痴の聞き役、両親のケンカの仲裁役ばかりさせられて来た」「自分の感情が出せない。本当の自己と偽りの自己に分裂している。これは母親のせいだ。どうしてくれる」などといったものでした。

ところでHさんによると、母親は陽気で楽天家で、おしゃべり好きの社交家で、人の気持ちの機微に触れるようなことは苦手なタイプだそうです。この母親には生活力があり、夫の世間的な無能さに見切りをつけると、小さな店を切り盛りしたり、家を借家にして収入を得たりしていました。

一方、父親は対照的に孤高の人で、酒と自然と子どもをこよなく愛した人のようです。その代わり生活力はまったくなく、普通の会社勤めをしていたのに、ある日突然会社を辞め、退職金で会社を興し一年で倒産させてしまいました。父親はこのように、世間知らずで不器用な人だったのですが、Hさんはこの父親に格別の親近感を覚え、父親の方でもHさんを可愛がってくれました。

ところが、母親は夫のことを「呑んだくれの甲斐性無し」と酷評していましたから、Hさんは夫婦喧嘩ではつい母親の味方をしてしまいました。Hさんの気持ちとしては、父親の味方をしたいのに口八丁手八丁の母親の見幕に太刀打ちできず、はからずも母親の側についてしまうのでした。

このように、父親に対しては愛着を感じながらも、父への裏切りによる罪責感を抱き、母親に対しては威圧感と愛されたい気持ちがないまぜになっていました。いわゆる、「本当の自分と偽りの自分」に引き裂かれて、両親に接していたとHさんは言います。

今でも母親が目の前にいたり見られたりしていると、身も心もすくんで凍りついてしまうのだと言います。また、道を歩いていて突然遠くに母親の姿を見かけると、本能的に身を隠さねばと思って逃げ道を探してしまうそうです。あるとき、姉を交えた母娘の三人の旅行で、一人で風呂に入っているところに母親が突然入って来たので、Hさんは大声を出して大パニックに陥ってしまいました。十年も、同じ屋根の下に二人で住んでいるのに、母親と何かを一緒にしたという記憶がなく、食事さえ一緒にしたことがなかったのです。Hさんは二階に住んでいて、朝三時か四時頃起き出して、犬の散歩に出かけたり草花の世話をしていたりするときが一番幸せで、母親が起き出す七時頃になると、そわそわ落ちつかなくなり、結局自分の部屋に逃げ込んで身を潜めている状態です。

■心の傷と「良い子」役割をとること

なぜHさんは、これほどまでに母親の前で凍りついて、別人格のロボットになってしまうのでしょう。彼女自身は、幼い頃からの母親の心ない仕打ちが原因だと言います。たとえば、一番古い記憶としては、トイレット・トレーニングで厳しく躾けられ、母親に恐怖心を抱いたことです。

セラピストは、二歳頃の記憶がこれほど鮮明に思い出されるということに疑問を感じつつも、面接で何回もこのことが語られるのを聞いています。このことが、Hさんの心の傷（トラウマ）になっていることは確かですが、さらに重要なのは、それと前後して母親が病気になり母乳を与えられなかったことです。幼いHさんにとって、トイレット・トレーニングに失敗したことと、その罰として母乳を取り上げられたことが、しっかりと結び付いているかもしれません。

ですからその後のHさんには、母親からみて良い子になることが即母乳というご褒美をもらえることに繋がったのです。父親に対する母親の不満の聞き役になったのも、夫婦喧嘩で母親の味方になったのも、Hさんが考えた母親にとっての「良い子」役割だったのでしょう。ところが、Hさんは一生懸命自分を殺して母親に合わせて気に入られようとしても、ご褒美のオッパイや愛情はさっぱりもらえません。

このやり方では駄目なのですが、Hさんはほかの方法を知らないためただ空しく「良い子」役割を続けるばかりで、次第に感情が枯渇していきました。そして、マイナスの怖い母親イメージだけが固定化して、四十五歳の今でもそれを引きずっています。Hさんは自分のことを、自嘲気味に「オッパイ欲しがり症」とか「くれない病」と言っています。

■率直に自己表現することを目標に

Hさんとの治療の目標は、面接のなかで現実のセラピストと出会い、相手に自分を合わせて何かご褒美をもらうのではなく、そのままの自分で良いと思える感覚を身につけることです。自分の感情や考えをきちんと出すこと、すなわち偽りでない本当の自分を出すこと、そしてセラピストがそのまま受け止めるというプロセスを体験することです。

それにはまず第一歩として、M先生とのわだかまりを解くことを最も重視し、先生と直接会うように勧め、そこで先生の心ない言葉にどれほど傷ついたか、どれほど恨みや怒りが溜まってコントロールできなくなっているかなどを伝えることでした。Hさんは迷いに迷って会う準備をしたため、冷静にしかも言いたいことは過不足なく伝えられ、M先生もそれに誠実に応えて詫びを入れてくれ、わだかまりが解けたのです。

また、別の場面では父親の法事をするに当たって、母親や姉は親戚をたくさん呼んで賑やかに行ないたいという意向で、ほぼそれで事が運びかけていました。ところが、Hさんはそれに「待った」をかけ、結局彼女のやり方が通って、身内で静かに父親の思い出に浸ったり偲んだりする会になり、Hさんはとても満足しました。

最後に、セラピーが始まってほぼ一年半たって、そろそろセラピーの終結を考え出している頃に、母親にも参加してもらって三者合同面接を行ないました。これは、Hさんが母親に抱いて来た長年の思いの丈を忌憚《きたん》なく伝えるチャンスになりました。そのセッションでは、絶対に母親を感情的に攻撃しないこと、自分の母親に対するポジティブ・ネガティブ両面の思いを伝えることを、Hさんに厳守してもらいました。

実際に母親にお会いしてみると、Hさんが小さいときから太刀打ちできなくて凍ってしまうと語っていた母親のイメージとは、極端に異なっていました。来室された七十歳半ばを過ぎた老女は、Hさんから今まで聞いたこともない話を聞かされて戸惑っていましたし、それほど辛い思いをさせたのかと涙を流して謝罪されていました。

Hさんが後で語ったように、これは偽りの母親、あるいは何も分からずただ謝ればいいと思っている母親かもしれませんが、嘘だと言って追及しても、これ以上何を求めるのかがHさんにも分からなくなっていました。ともかくも、Hさんの言いたいことはとりあえず言えたわけですし、それで良しとしなければならないことを確認するだけでした。

■セラピーで目指したその他の目標

前述のように、率直に自己表現することが何よりも重要ですが、そのほかにもいくつかのことがセラピーのなかで検討されました。

（1）自分の生き方をないがしろにしないこと――アダルト・チルドレン（AC）にしても、彼らと非常によく似た生き方をする共依存にある人びとにしても、自分のことよりまず他人という志向性が強いのが特徴です。共依存について、斎藤学は『家族という名の孤独[7]』（一九九五）で「他人に必要とされる必要」と定義していますが、たしかにACと共通する心性として「人のためなら、たとえ火の中、水の中」です。

Hさんも母親からの愛を得たいがためと言えばそうですが、母親の慰め役をしたり、夫婦喧嘩の際に味方になったりして、母親のために生きようとしました。また、職場の超新人類である後輩のためと思って、尻拭いをしてかえってそれでトラウマを深くしてしまいました。ですから、これからの人生は、Hさん自身が主役になる生き方をまず第一に考えることを目標にしました。

（2）NOと言えるようになること――誰でもNOと言うと、人から嫌われたり、疎まれたり、仲間外れにされたりするのではないかと心配になります。Hさんも同じで、はっきり相手に

NOと言った経験が一度もありません。セラピストはHさんを勇気づけて、NOと言っても嫌われたり見捨てられたりしないのだということを、セラピストの間でも母親との間でも実体験を重ねてもらうことにしました。

(3) あれもこれも何でも自分の責任にしないこと――ACは人の役に立っていることが無上の喜びです。

ですから、役に立っていないと分かると、自分が悪いからだと自責的になります。Hさんは善かれと思って母親に味方しますが、それくらいでは母親の怒りは収まりませんし、ときには八つ当たりしてHさんに辛く当たるかもしれません。

そこで「私のやり方が悪いのだ」「私がもっとしっかりしないから、お母さんがこんなに苦しむのだ」と、責任を一手に引き受けようとします。ここでもNOと言って、本来取るべき責任を相手にお返しすることが必要です。

(4) 自分の楽しみや遊びをもつこと――ACは人にばかりかまけて、本来の自分の喜びや楽しみやゆとりに目を向けられません。

たまたま、母親と顔を合わせないですむようにと、草花の手入れや犬の散歩を始めたのがきっかけで、草花や犬に徐々に愛着を感じるようになり、それがだんだん花を咲かせること、犬に子どもを生ませて世話をすることに喜びが変化していきました。「母親の愛が欲しい」「ケアして欲しい」が、「動植物に愛を注ぎ、世話をしたい」に変わっていき、それが喜びや楽しみに変化していきました。

2　アダルト・チルドレンとは？

アダルト・チルドレンという言葉が一躍有名になったのは、ビル・クリントンがアメリカ大統領選のときに、自らをそう明言したことによるところが大きいと言われています。彼の母親は、何回かの結婚を繰り返し、彼女のパートナーの多くは飲酒癖をもち暴力をふるう人で、ビルや母親はその被害者であったと言われています。このように、アダルト・チルドレン（以下、ＡＣ）とは、家族員のなかにアルコール依存症者がいて、そのために家族が機能不全に陥り、そこで育った子どもたちのことを言います。ときには、両親が機能不全家族に育ち、その孫たちのことを指す場合もありますが、いずれにしても、アルコールをはじめとする依存症や嗜癖の問題を抱える家族員がいて、機能不全家族に育った人びとのことを言います。

■文献に見るＡＣ

斎藤学の『アダルト・チルドレンと家族——心のなかの子どもを癒す』[8]（一九九六）によれば、ＡＣについて最初に書かれた本はコークの『忘れられた子どもたち』[2]（一九六九）であり、その書名が示すように、彼らは物静かで問題を起こさない良い子で、皆から注目されず忘れられた子どもたちだったのです。その後、八〇年代になってＡＣという用語に置き換えられましたが、これは従来の「良い子群」が主流であっても、「抗議的な子群」も含むようになりました。

さて、一九八一年にクラウディア・ブラックは『私は親のようにならない――アルコホリックの子供たち[1]』（一九八九）を出版しましたが、この本の前半はアルコール依存症の家族に育った子どもたちのことが書かれ、後半がアダルト・チャイルド（AC）になっています。

ここでのACは、成人したアダルト・チャイルドのことを指し、ACのアイデンティティ（同一性＝正体）を、①彼らはアダルト・チャイルドです、②彼らは、アルコホリックの配偶者であるか、あったかです、③彼らの正体は、アルコホリックそのものです、④上記のいくつかの組み合わせです、と述べています。

「しゃべるな」「信じるな」「感じるな」をモットーに育てられてきた自分に気づき、順応し過ぎたり、責任を負い過ぎたり、なだめ役を取ったりして来た自分の生き方を解放するようないくつかの助言がされています。

また、一九八三年にはウォイティッツが、『アダルト・チルドレン・オブ・アルコホリックス[9]』を出版してベストセラーになり、これがブラックの本と合わせて、ACの概念を定着化する流れを作りました。ウォイティッツは、ACには次のような十三の心理的特徴があると述べましたが、これらの特徴すべてを備えている必要があるのか、いくつ必要なのか、あるいはどの特徴がACに特異的なのかなどが明らかでないため、ACを捉えがたく混乱させているところがあります。挙げられている十三項目については次の通りです。

(1) ACは正しいと思われることに疑いを持つ。
(2) ACはひとつのことをやり抜くことができない。
(3) ACは本音を言えるときに嘘をつく。
(4) ACは情け容赦なく自分を批判する。
(5) ACは何でも楽しむことができない。
(6) ACは自分のことを深刻に考え過ぎる。
(7) ACは他人と親密な関係が持てない。
(8) ACは自分が変化を支配できないと過剰に反応する。
(9) ACは常に承認と称賛を求めている。
(10) ACは自分と他人とは違っていると感じている。
(11) ACは過剰に責任を持ったり過剰に無責任になったりする。
(12) ACは忠誠心に価値がないことに直面しても、過剰に忠誠心を持つ。
(13) ACは衝動的である。

ちなみに、Hさんの場合を考えてみると、(12)を除いて(母親に対する忠誠心であればOKです)ほぼ当てはまるとも言えますが、厳密にどこまでが特徴かと言われると、断定しにくいところがあります。ただし、Hさんらしい特徴としては、(1)(3)(7)(9)(11)(13)が不可欠だろうと思われます。

いずれにしても、細かいところに深入りすると、ACの特徴が捉えがたくなるので、この項目については参考程度に押さえておくことにします。

■ACが生き延びるために果たす役割

ウォイティツよりも、ACを的確に捉えていると思われるのは、役割理論で説明したクリッツバーグであると言えます。[4]機能不全家族では、それを維持するために、あるいはそのなかで生き残るために、子どもたちは以下に述べる五つの役割のいずれかを取ろうとします。

（1）英雄（ファミリー・ヒーロー）役――子どもが勉強やスポーツなどで秀でた成績を上げることで、家族メンバーがその子に注目し、家族全体の凝集性が高まり、葛藤的な家族関係が一時的に改善されたかのように見えるので、子どもはさらに頑張ります。クリントン元大統領がこの良い例です。

（2）犠牲者（スケープ・ゴート）役――ヒーロー役と対照的なのがこの犠牲者役で、この子はいつも問題を起こし家族の悩みの種です。そうすることで、家族を覆っているもっと深刻な問題から皆の目を逸らし、一手に苦情・悩みの引き受け役を果たします。

（3）慰め（プラケーター）役――飲酒や暴力の被害者は多くが母親ですが、子どもは彼女に寄り添い慰めたりなだめたりします。クリントンはいつも母親の愚痴の聞き役だったと言われています。

（4）道化（クラウン）役――家族メンバーの緊張が高まると、馬鹿なことを言ったりおどけて笑わせたりして、緊張を逸らそうとします。

（5）いない子（ロスト・ワン）役――家族が一緒に何かするときや、派手に喧嘩しているときに、その場からそっと離れ、傷つかないように独りでいます。そして、いないことさえ気づかれず、こうして存在の薄い子の役割を果たします。

ふつうＡＣは、これらの役割を一つか二つ果たしますが、Ｈさんの場合は、学校も職場も一流で、今でこそ不本意ながら係長に甘んじていますが、家庭の問題を忘れるかのように頑張ったと思われます。また、慰め役を果たしながら、母親に取り込まれて精神的に身動きが取れなくなっています。そして、ときにはいない子役も行ないます。ところでフリエルは五つの役割のほかに四つを追加していますが[3]、Ｈさんは「パパの女王様」でもあったようで、母親に罵倒されている父親の「代理妻」の役割を果たしていたようです。フリエルはこれ以外の役割として、「ママの王子様」「頑張り屋」「奉仕者」などを挙げています。

■ACからの回復

西尾和美は、一九九七年に『アダルト・チルドレンと癒し』(5)を書いていますが、そのなかで癒やしへの道のりとして十三項目を挙げています(一一七-一一八頁)。それを紹介すると次の通りです。

(1) まず、トラウマがあったことを事実として認めること——AC的な生き方をするに至った、ショックで心の傷(トラウマ)になるような出来事があったことを思い返し、それをトラウマとして認めることです。Hさんであれば、トイレット・トレーニングでひどく叱られたことや、オッパイがもらえなくなったことなどです。

(2) 安全な場を確保すること——HさんのM先生との面接は、ある時期までは医者も興味を持ってくれ、アベラールとエロイーズのように知的で高尚な会話が続き、Hさんにとってはハネムーンのような時期でした。しかし、それは長続きせず、医者から見放されることは、安心・安全感を脅かす最悪の治療設定であったように思われます。これならむしろ、「ないほうがまし」というのも、あながち間違いではないでしょう。いつも変わらない配慮と共感的理解が、何よりも不可欠で、治療者がそれを保証しなければなりません。

(3) いままで心の奥底に押しこんでいた秘密や思い出を、言葉、アート、からだ、文章などで表現すること——Hさんとは、面接の場で言葉を介してしか関われませんでしたが、絵や粘土を使って内面を表現したり、運動やダンスで自己表現したり、それを通して自分のからだの感覚を取り戻したりすることも欠かせません。

（4）子どもであった自分のせいではなかったことを自覚すること――トラウマとなった出来事の責任は、Hさんではなく母親であったことを確認する必要があります。これは安全な治療場面で、安心と信頼をもたらすべくセラピストとの間で可能になることです。

（5）肯定的な意味づけを、害のあった経験に与えていくこと――トラウマ的な出来事には、否定的な意味、それも自分の至らぬせいでと意味づけすることがほとんどです。体験のもつ意味を書き換えることは、ロジャーズの言う「無条件の配慮」の元でこそ、セラピストとの間でこそ行なうべきでしょう。

（6）怒り、悲しみ、そのほかの感情に直面し、嘆きの作業をすること――トラウマを受けると、人は自らの感情を内面に閉じ込め、ときには感じないように、すべての感覚を麻痺させたり、凍結させたりします。そのような無意識の心の防衛機能を少しずつ解きほぐし、本当の感覚を味わうこと、特に自分が喪失した人との関わりのなかでの本当の哀しみを、セラピストと共有することが必要です。

（7）いままでできなかったこと、やりたかったこと、言いたかったことをなんらかの方法で表現し、人生のやり直しをすること――今まで人のためだけに費やして来た時間を、自分自身の人生に費やすことを死守すべきです。そうすれば、自分のやりたかったこと、これからやりたいことが自ずと見えてくるはずです。Hさんも改めて、会社人間であった過去の自分からの脱却を試み始めています。

（8） インナーチャイルドをいたわり、育てる作業をすること――「内なる子ども」であるインナーチャイルドが、生きられる場所を確保し育てることです。インナーチャイルドは、「生き生きした自己」とか「真の自己」とか言われるもので、トラウマによって歪められた偽りの自己は、必ずしも容易に育ち直しが出来るものではありませんが、気長に大切に育てて行く必要があります。

ときには個人療法だけでなく、自助グループなどの集団療法で育つこともあります。Hさんの場合は、一時期デイケアに出席して、さまざまな体験を通して癒やされたということがありました。

（9） 機能不全な家族で学んだ不全な思考、行動、人間関係、コミュニケーションの仕方に注目して調べ、どんな影響があったかを分析すること――すでに述べたように、ウォイティッツはACの心理的特徴を十三項目にして挙げましたが、これらが不全な思考・行動・人間関係・コミュニケーションの仕方に当たるもので、今までの人生プロセスに一つひとつ当てはめて分析することが出来ます。

（10） 自分を受け入れ、許し、トラウマの経験を許し、トラウマを与えた相手をできるだけ許すこと――セラピストや同じ体験を分かち合う仲間と、この許しのプロセスは進んで行くでしょう。

(11) 自尊心、自己評価をあげるため、アファメーションをしたり、少しずつ成功できる行動を生活のなかに組み入れていくこと——西尾和美によれば、アファメーションとは、「自分を肯定する言葉」で「力づけ」とも言います。「・自分は生きるに値する人間です・自分は自分のままでいいのです・自分は愛するに値する人間です・自分は自分の居場所を作っていいのです・自分をうんと好きになります」という言葉を、やさしく愛をこめて、子守歌を自分に歌ってやるように、繰り返し繰り返し声に出すことで、元気になれます。

(12) 新しい健全な思考、行動、人間関係、コミュニケーションの仕方を初歩から学ぶこと——健全な生き方を身につけるためには、どこが不健全でどう変えればよいかをじっくり見直すことから始まります。

(13) 自分でできる癒やしの活動、たとえば自助グループへ参加したり、本やテープ、CD、ビデオなどを活用したり、ワークショップなどに積極的に参加すること——癒やしの活動は、勉強を重ねながら、自分にこもらず常に仲間と繋がりを持つことです。

9章 女性とドメスティック・バイオレンス

1　事例提示〈今すぐに、シェルターに逃げてらっしゃい！〉

■Iさんとの出会い

Iさんと初めて接触をもったのは、彼女のことを心配した父親がフェミニスト・セラピー・センターに電話をかけてこられたときでした。

「娘が結婚以来、連れ合いから暴力を受けていて、どこに相談したら良いか分からず、知り合いからやっとお宅を紹介してもらって電話しています。娘を自分たちの所に引き取って面倒を見ても良いが、先日も旦那が家まで押しかけてきて、娘に会わせろと押し問答になり、女房は押し倒されて肋骨を折って病院通いしています。それ以来、いつあれがやってくるかと脅えて、女房はノイローゼのようになってしまいました」という電話でした。

父親の声からすると、初老の男性で、「これから、どうしたら良いのか」と皆目見当がつかず、力なく途方に暮れている様子で、早めに対処しなければ、娘さんも両親も共倒れしかねないと懸念されましたので、すぐにシェルターに来るように指示したのです。

お互いに顔も名前も知らない者同士が、指定した時間と場所で、ちょっとした外見の特徴を手掛かりに会うわけですから、探偵まがいのスリリングな体験には違いありません。それでも私たちはこんな風にして、何人もの女性や子どもたちとお会いしてきたので、まず一目姿を見ればすぐにバタード・ウーマン（殴打女性）と分かります。

なぜなら、多くのバタード・ウーマンたちは、一様に能面のような無表情な顔つきで、周囲を警戒してビクビクと落ち着かなくて、身のこなしはロボットのように硬くギクシャクしています。こちらから声をかけるとビクッと身を強ばらせ、それと分かると緊張感がふっと緩み、人によってはハラハラと涙をこぼすことも稀ではありません。

Iさんと初めて約束の場所で落ち合ったとき、彼女は末っ子の小さな五歳の息子を連れていました。その男の子は見るからに利発そうで、エネルギーを持て余し気味で、あちらこちらを走り回り、片時もじっとしていませんでした。シェルターに入所して一息ついてから、長くドメスティック・バイオレンス（以下DVと略す）を受け続けて来たIさんの半生をうかがうことになりました。

そのとき改めてIさんの顔を見て気づいたのは、目尻の端には切り傷の痕が黒く残り、額や首筋にはうっすらと打撲によるとみられる黄斑が点々とし、首も左方向には曲がりづらく、見えるところに現われている身体の傷が、彼女のDV被害の物凄さを語っていました。

■ごく普通のお嬢さんが結婚して……

Iさんは、堅実な中流家庭の長女として、苦労を知らずにスクスクと育ちました。中学の頃から父親の町内の仕事を手伝うようになり、そのせいもあって「真面目にやりなさい。悪いことはするな。良い子でなければならない」とたたき込まれて来ました。

このようにIさんの父親は、無口で真面目で堅い人でしたが、子煩悩で特にIさんの話は「うんうん」と何でも聞いてくれました。Iさんは父親っ子、三歳年下の妹は母親っ子で育ちました。

Iさんは、小さいときから何にでも興味を示し、学校の部活でもソフトボールやテニスをこなし、積極的で外向的でした。Iさんとは対照的に、母親は家にいるのが好きで、大家族に嫁いでも愚痴ひとつこぼさず、家のなかのことをきちんと切り盛りしていました。Iさんはこういう母親も大好きで、高校を卒業すると両親のような結婚生活を夢に描き、十八歳で知り合った現夫とすぐに結婚しました。

夫とは十三歳もの年齢差がありましたが、結婚当初は喫茶店の経営者で、それなりに張り切って仕事をしていました。ところが、二〜三年もすると、いろいろな仕事に手を出してはやめ、定職を持たずに、一獲千金の夢を追うようになりました。その頃から酒量が増えはじめ、浴びるように呑むまでには、それほど時間がかかりませんでした。身体にも悪影響がおよび、三十歳代にして静脈瘤破裂のために、一時は生命も危ぶまれる状態になりましたが、Ｉさんの必死の看病で（内心は死んで欲しいと思いながら）一命を取り留めたのです。

このことがあっても夫の生活態度は改まらず、さらに悪いことに、金銭や日々の生活を巡って夫婦喧嘩になると暴力を振るうようになりました。実際、肝硬変や糖尿病や心不全などの余病も増えていき、夫の心と身体はメタメタになっていました。

結婚して五年目で、Ｉさんは離婚を決意しました。しかし、現在と違って十五年前には、ＤＶ被害者のためのシェルターや支援体制は皆無に等しく、子どもと二人で身を隠して生活するしか手立てがまったくなく、泣く泣く一緒にいる決心をしてパートで勤めに出ることにしました。

もともと外向的なＩさんは、外で仲間と一緒に仕事をしているときの方が幸せで、そのときは夫のことも家のことも忘れることができました。でも、家に帰ってくると、勤めにも行かず昼間から酒を呑んでいる夫が、「なぜこんなに遅いのだ。早く飯を作れ」と声を荒立ててくどくどと文句を言うのです。そして、暴力沙汰になるのはいつも、夫が仕事に就いてすぐやめて来てお金のことで言い合いになるときでした。

近所に住んでいる夫の姉弟やＩさんの両親の援助で、何とか生計を立てていましたが、今までの十五年間で援助を受けないで生活のできた月は一度たりともなかったと言います。経済的な援助はもちろんのこと、精神的にも彼女を支えてくれたのは夫の姉でした。自分の両親に話せばかえって心配をかけると思って、暴力のことはほとんど内緒にしてきました。

暴力がだんだんエスカレートしてきたのは、糖尿病や心不全で身体の自由が利かなくなった最近の二〜三年で、もっぱらIさんに対する嫉妬がもとで、暴力を振るうようになりました。会社の慰安旅行で撮った集合写真を見れば、「この隣の男は怪しい」とか、子どもの不登校のことで担任や校長と話し合うために学校に出かけて行くと、「あの担任とできている」と言って、嫉妬心に駆られてひどい暴力を振るい出しました。

さすがに、家のなかで暴力を振るうのは子どもたちに良くないと思ったのか、夫は車でIさんを連れ出し、誰もいない倉庫のような所で殴る蹴るの暴力を振るうこともありました。また、身体的な暴力だけでなく性的な暴力もひどく、妊娠させられては中絶するという繰り返しの最近でした。

このままでは、自分が殺されるか夫を殺すか、二つに一つしかないというところまで追い詰められ、やっと家を出る決心をして、三男を連れて決行しました。まず実家に逃げたのですが、両親に暴力が及んだのでホテルに避難し、父親のSOSの電話でやっとシェルターにたどり着いたのです。

■シェルターでの束の間の安心とPTSDの辛さ

Iさんがシェルターに入所されたときは、子どもを二人家に置いて地方から逃げて来た同年齢の女性、恋人の暴力から逃れてきた女性と、全員が三十歳代でした。三人が三人とも、男性からむごい暴力を受けて来たという共通の体験をもっていましたが、シェルターにいれば、二度と暴力を受けることはないという安心感、絶対に見つかる心配がないという安全感、新しい人生を自分で選んで歩み出せるという希望などを、シェルターに入所している仲間や支援するスタッフたちと共有することができます。

新しく入所した女性たちと同じように、Iさんもしばらくは気分がハイで、動き回ったりおしゃべりをしたりして、Iさんなりに自由に時間を過ごしていました。やっと理不尽な暴力から解放されて、自分の時間が戻って来たのですから、フェミニスト・セラピーを受けたりDV被害者のためのグループに出席したりして、自分自身の将来のことをゆっくり考えることができるようになりました。

Iさんが一番気になっていたことは、家に置いて来た二人の息子たちのことです。「学校に行っているだろうか」「ご飯はきちんと食べさせてもらっているだろうか」「出て来た母親を恨んでいるだろうか」「許してもらえるだろうか」「これから二人の息子たちを引き取って、一緒に生活できるだろうか」など、母親として子どもたちへの心配は尽きない日々でした。

一方で、夫に対する怒りや憎しみや恨みなどは、日に日に強くなり、悔し泣きすることもしばしばでした。夜になるといろいろ考えて眠れず、寝たら寝たで夫が夢に出て来て、連れ戻されたり暴力を加えられたりしてうなされるのでした。

このように、入所して一～二週間するとよくあることですが、躁から鬱状態に気分の変動が起こり、さらに困ったことに、頭に円形脱毛症まで出来てしまいました。Iさんの場合、不眠、悪夢、鬱状態、心身症、フラッシュバックなど、ＰＴＳＤ（心的外傷後ストレス障害）の症状が出そろい、良くなるまでに一カ月以上の時間が必要でした。

しかし、このような良くないことも考えようによっては、やっと病気になれるほどに心身が解放されたと考えることも出来ますし、たしかに入所した女性たちが神経科や心療内科にかかることが多いのも事実です。そのため、近所の精神科医と産婦人科医と小児科医には事情を知っていてもらい、いつでも診察を受けられる体制で協力してもらっています。

■コミュニティへの参入で直面した現実の厳しさ

シェルターに入所できる期間は三カ月と上限が定められている関係で、入所者は二カ月を過ぎると、退所後どこに住居を定めたらよいか、どういう仕事に就いたらよいか、治療者や仲間とどう繋がりをつけていったらよいかなど、現実的な対応に迫られます。

Iさんの頭にうっすらと髪が生えて来る頃には、悪夢にうなされることも少なくなり、気力の湧かない鬱からも回復して、まずはアパート探しから始めることになりました。毎日子どもを連れての不動産屋巡りは、思いのほか大変でした。まず、仕事をもたずに小さい子どもを抱えているとなると、たとえ理解のある不動産屋でも、大家さんに話を通してくれるまでに時間が必要です。

また、保証人を確保するのも並大抵のことではありません。結婚している女性の場合、交友関係が夫の人間関係から派生することが多くこれはだめですし、あとは子どもの学校関係ですが、このようなDVの事情を話すわけにはいきません。自分の身内以外で、仕事をもっていて印鑑証明まで取ってくれる友人を探すのは困難極まりないことです。保証人協会も有名無実で、まったく当てになりません。最後に打つ手がなくて筆者が保証人になった場合もありましたが、これは例外中の例外です。Iさんの場合は、この間ずっと夫に内緒で力になってくれた実父がいましたので、助かりました。

次は子どもの保育園の問題です。女性が自立するためには、幼児を公的な保育園に入れる手筈を整えなければ、職探しさえ思うようにできません。役所の母子福祉課の窓口で、通える保育園で空いている所を問い合わせてもどこも満員で、いつまで待てばよいかという予定も立たない状態です。五、六カ所に登録して待つしかないのですが、その間に並行してハローワークで仕事探しを始めなければなりません。この不況のご時世、ハローワークは仕事を探す老若男女であふれ返っています。

Iさんはこれにもめげず、毎日毎日通い詰めて、何カ所かで面接の許可を取り付けるところまでいきました。会社に行くと、元気の良い人や若い人がたくさん面接に来ていて、それだけで物怖じしてしまいました。案の定、幼子を抱えているため、「元気な子どもなので、病気で休んで迷惑をかけることはありません」と言っても、無情に断られること数限りなしという状況でした。不動産屋でも保育園でも会社でも、Iさんは断られることに慣れっこになっていましたが、さすがに保育園が決まったときは、子どもを抱き上げ声を上げて大泣きしたということです。

最後の関門である仕事については、決まるまでに二カ月を要しました。でも、どんなに苦しくても、夫のもとにだけは戻りたくないというIさんの意地が功を奏して、小さいながらも商事会社に経理事務の社員として就職が決まりました。

今Iさんは、小さな息子とのささやかな二人だけの生活を無上の喜びと感じています。今までは体験できなかった安定した経済生活、夫の嫉妬を感じないですむ職場の仲間との付き合い、好きな美術館巡りやエキサイティングな音楽会、Iさんは今誰にも束縛されずのびのびと自由を謳歌し青春を取り戻しています。そして、家を出てから二年して、離婚と息子の親権獲得の裁判が彼女の希望通りに進み、晴れて逃げ隠れしないですむ生活が巡って来たのです。

2　ドメスティック・バイオレンスとは?

■わが国におけるDVの実態について

ドメスティック・バイオレンスを日本語に翻訳すると、家庭（内）暴力になりますが、日本ではこの言葉が子ども（特に息子）から親（特に母親）への暴力に限定して使用されてきた歴史が長くありますので、夫や親密な関係にあるパートナーからの暴力を、これと区別して原語のままDVとして使用する慣例があります。

日本にDVの概念が導入され使われ出したのは一九九〇年前後で、本格的な取り組みは一九九五年に北京で世界女性会議が開催され、女性に対する暴力撤廃宣言と行動要綱が採択されて以降です。

そして、二〇〇〇年の世界女性会議において、各国がどれだけ行動要綱を実行しているかを見直す付帯決議が採択されたこともあって、政府機関や地方自治体が本格的に取り組み出したのです。DVの実態調査が全国的にも地方自治体レベルでも実施され、特に男女共同参画室が中心になって取りまとめられ、数値が公表されるようになって来ました。

公的機関による最初の調査としてよく引用されるのは、一九九七年に東京都生活文化局が行なった「女性に対する暴力」の調査で、それによると全体の約三分の一の女性が、今までにパートナーから暴力を受けたと報告しており、さらに五％近くの女性が、生命の危険を感じるほどのひどい暴力を受けていることが明らかになりました。

これは、ほかの都道府県や諸外国のデータから見ても、ほぼ平均的な数値として捉えることができます。DVは欧米諸国で起こっても、日本ではほとんど起こらないだろうというのが大方の予想でしたが、改めて厳しい現実が実態調査によって明らかにされました。

■DV被害者が行動を起こさない理由は？

それでは、なぜDVの被害者たちは、ひどい暴力を受けながらもその状況に甘んじていて、逃げたり別れたりする行動を起こさないのでしょうか。私はこのような疑問・質問を今までに数え切れないほど受けました。さまざまな理由がありますが、そのいくつかを紹介しましょう。

（1）罹患している複雑性PTSD――地震や火山爆発などの自然災害、あるいは戦争や人質や

殺傷事件などに巻き込まれる人的災害などに遭遇すると、ごく自然な人間の反応として、PTSDすなわち心的外傷後ストレス障害に罹患すると言われています。しかも、DVや小児虐待のように、社会的強者が弱者を長期間全体主義的な支配下におくことで引き起こされるPTSDを、ハーマン（一九九二）[2]はこれと区別して、複雑性PTSDと定義していま す。これには、次に挙げるような七つの変化が認められます。

まず感情の抑制が利かなくなり、意識状態が低下して解離症状などが出現し、自己感覚が不確かになり、加害者に対する感覚が変化し、加害者以外の他者との関係に障害を来たし、物事や自らの人生に対する意味体系が変化するなど、自己の存在を揺るがすような深刻な事態が起こります。普通ならできる判断、たとえば暴力から逃げるとか、助けを求めるとかが出来なくなるのです。

（2）学習された無力感――ウォーカーは著書『バタードウーマン』（一九七九）[6]のなかで、

暴力を受け続けることによって、殴打女性は「自分には価値がないから、暴力を受けても仕方がない」という心境にさせられ、これを「学習された無力感」と定義しています。

同様のことは、学習心理学の世界でも、ネズミの実験でよく知られています。すなわち、アブラムソンら（一九七八）[1]は、迷路学習の実験で正しく迷路を走るとご褒美として餌を与えられ、間違った迷路を走ると罰として電気ショックを受けるという学習を体得したネズミ

が、正しい迷路でも間違った迷路でも、電気ショックを受けるという葛藤的条件設定に置かれた場合、ネズミはその場に縛られて迷路学習をしようとしないことを発見しています。

これと同じように、いつも暴力＝電気ショックを受け続けている被害者は、決して自分から行動を起こそうとしません。どのような行動を取っても、暴力を受けるのが分かっていますから、服従的行動をするか、何もしないで暴力が通り過ぎるのを待つ受け身の行動をするしかないのです。

（3）暴力のサイクル――前述のウォーカーは、暴力を振るう夫には「暴力のサイクル」があり、始終暴力を行使するわけではないと言います。すなわち、①緊張の蓄積期、②急性暴力の爆発期、③懺悔と蜜月期の三つのサイクルです。

ストレスや怒りなどが、直接暴力に現われず蓄積される時期から、それが極限まで溜まり暴力として爆発する時期、そして暴力が収まり懺悔と優しい言葉や贈り物のシャワーの時期がやって来ます。この蜜月期があるため、被害女性たちは「今回だけは」と夫を許し、少しずつ深みにはまり出られなくなるのです。

「暴力を振るわなければ（酒を飲まなければ）、とても良い人なんです」と、女性たちは口をそろえて言いますが、シェルターに逃げて来られた女性の多くでは、はっきりした「暴力のサイクル」は結婚当初だけで、普段から身体的暴力、心理的暴力、性的暴力などを重複して受けていますから、（1）（2）の体験が逃げられない理由としては大きいのです。

（4）自立への不安——ＤＶ被害者の多くが、比較的若くして年齢の離れた年上の男性と結婚するという傾向が、シェルターに逃げて来られた女性たちにも見られます。

さまざまな事情がありますが、女性たちの原家族にも問題が隠されていて、一日も早く親のいる家庭から出たいという願望が強い場合、家を出るには出たものの寂しさがつのり、それを紛らわしてくれる男性なら誰でも良いということが起こります。Ｉさんのように尊敬できる父親と彼に追随するもの言わぬ母親を理想にして、早くからパートナーを求めていく場合もあります。

いずれにしても結婚前の女性たちは、自分の仕事をもち生活をやり繰りできる自立した女性というよりは、パートタイムやフリーターでその日の生活費を稼いでいるといった姿が浮き彫りにされます。したがって、いざ暴力夫と別れて自立した生活をしようとしても自信がありませんし、さらに悪いことに、日常的に「誰のせいで、こんな安穏な生活ができると思っているんだ」といった心理的暴力を受けていますから、逃げたり別れたりできないのです。

（5）子どもの問題——多くの母親は、どんなひどい父親であれ、どんなひどい夫婦喧嘩をする両親であれ、子どもにとっていないよりはいた方がましと考えているようです。本当にそうだとは誰も断定できないのですが、この神話は結構強力なものです。

また、たとえ女性が家を出る決心をしても、子どもを夫の元に置いて来た方が良いのか、連れて出た方が良いのか、子どもが父親の暴力の第二の被害者にならない保証はあるのかなど、子どもに関して思い悩むことは山ほどあります。

Iさんの場合も、小学生と中学生の二人の息子は家において、保育園児の三男だけを連れて出ました。置いて来た二人の息子を片時も忘れたことはありませんし、離婚のときも親権をどうするかで気持ちが揺れました。結局、Iさんは三人の息子の親権を取りたいとの思いを断ち切り、父親にも育てる義務があるのだから、その責任を夫に負わせたい気持ちを通しました。息子たちが成人して再会できるときが来たら、Iさんは息子たちに自分の決断についてゆっくり説明して、彼らから許しを請おうと決心しているのです。

(6)夫のストーカー行為への恐怖——DV被害女性もまったく逃げる試みをしないわけではありません。しかし、実家に逃げるとすぐ夫に探し出されます。Iさんのように親にまで暴力が及んだり、何よりも両親に今までの経緯を話して心配をかけたりしますから、まったく得策ではありません。

親戚筋も同様で、夫の知らない友人を頼りに逃げることもありますが、探し出すことにかけては夫の方が上手で、電話帳やメモの切れ端から突き止めることもあれば、興信所やときには暴力団を使って徹底的に捜し出します。携帯電話で逆探知され、居場所を見つけられることもあります。

二〇〇〇年十一月に「ストーカー行為等の規制等に関する法律施行令」が施行されました

ので、これで訴える方法もありますが、警察の対応は後手後手で有効であるとは言えません。また、二〇〇一年四月に「配偶者からの暴力の防止及び被害者の保護に関する法律」が施行されました。しかし、身辺へのつきまといや居住地付近の徘徊に対して、六カ月の接近禁止が認められてはいますが、手続きに時間がかかったり、違反した場合の強制力がなかったりなど、実効性の乏しいものと言わざるを得ません。それでも、この二法が成立したことで、被害女性が暴力夫から離れる可能性を大きくしたと言えます。

■ＤＶ被害女性のためのシェルター活動の歴史

ＤＶは私的な場である家庭内で行使される暴力なので、公的な機関や権力が介入して暴力に対処することはできないと考えられていました。近所の人が聞き付けて、あるいは被害者が直接警察に連絡しても、民事不介入という理由で取り扱われないか、幸い警察官が暴力の現場に直行してくれても、暴力をやめさせたり、事情聴取のために加害者に同行を求めたり、被害者保護のために病院や一時保護施設に連れて行ったりなどがほとんどありませんでした。

警察や行政機関に保護を求めても何ら解決にならないどころか、逆にもっとひどい暴力に晒されて生命を落とすことにもなりかねないのが実情でした。そこで、被害女性を保護するには、ＤＶ被害者のための一時保護施設（ＮＰＯ）として、シェルターを立ち上げるしか手立てがありませんでした。

世界で初めてのシェルターは、一九七一年にピッツイがロンドンにチズィック避難所を設立したことに始まります。(4) それから、シェルター設立の運動は、アメリカやヨーロッパに拡がりました。アメリカでは一九七四年に、セントポール市に第一号が誕生しました。一九七八年には二百カ所、一九八二年には三百カ所、一九九五年には千二百カ所、現在は千八百カ所になると言われています。このような欧米諸国のDVの急増に比較して、日本をはじめとするアジア諸国では、DVは存在しないとさえ言われてきました。

日本では外国人女性のためのシェルターが、一九八五年横浜市に「ミカエラ寮」として発足しましたが、一九九五年北京での世界女性会議まではDVへの取り組みは微々たるものでした。一九九五年以降、マスコミでも取り上げられるようになり、各自治体が行なった「女性に対する暴力」の実態調査からも深刻な事態であることが認識され、現在ではNPOシェルターが全国約四十カ所に拡がったと言われています。

ところが、シェルターの運営に関しては、各所の微々たる自己資金とスタッフのボランティア活動で支えられており、法律が成立したのをきっかけに、財政的な資金の助成と正職員の雇用と研修などが強く求められています。

■シェルターが果たす機能

シェルターは、DV被害者である女性や子どもたちを、加害者から緊急に避難させ保護する場所で、差し当たって四、五世帯の人びとが、当座の生活ができる家財道具と休む場所がある小さな空間です。しかし、そこには、女性や子どもたちはもちろんのこと、シェルターのスタッフやさまざまなボランティアや関係者などがたくさん集まってきます。

何もせずにそこに居るだけの人、子どもたちを遊ばせる人、家で不要になった物を持って来る人、一日二千円の部屋代を徴収する人、新しい入所者の道案内する人、巣立って行く人の準備を手伝う人など、多くの人びとが出入りするシェルターという場が拠点となったコミュニティなのです。したがって、そこでは多くの人びとによって、さまざまな機能や役割が果たされます。実際にはシェルターとFTCが拡大コミュニティを作って機能しています(5)。

(1) ホットライン機能——プライバシーが守られ、いつでもどこからでも電話で相談でき、二十四時間体制で対応できることが望ましいのです。

(2) 緊急に安全に保護する機能——傷ついた女性や子どもたちに、身体的・精神的に安全な場を提供します。シェルターおよび入所者のプライバシーが保護されるように、しばらく社会から退避する巣籠《すご》もりの体制が取られます。

(3) 自分の人生と人間関係を再構築する機能——パートナーとの暴力的・共依存的な人間関係から脱却するために、グループ療法や心理療法などの治療プログラムを提供します。治療プログラムは、だいたい次のようなプロセスで進んで行きます。

a　トラウマを再体験する段階
b　否定的自己を軽減する段階
c　怒りのワークの段階
d　喪のワークの段階
e　ＤＶ被害に意味づけする段階
f　新しい人生の構築段階

（4）当事者および支援者相互のエンパワーメント機能――家庭で孤立し暴力に耐えていた存在から、他者を信じ助け合う存在へと変化していくことが目標になり、このためにはコミュニティ・メンバー相互のエンパワーメント機能が必要です。

（5）当事者へのアドボカシー機能――当事者の生活課題を解決するケース・アドボカシーと、行政の対応や制度の変革を求めるコーズ・アドボカシーがあり、これらが表裏一体となって、当事者へのアドボカシー（権利擁護）機能が発揮されます。

（6）関係者や関係機関をつなぐネットワーク機能――セラピスト、ケースワーカー、母子相談員、弁護士、病院や母子生活支援施設の職員、行政機関、警察、学校、ハローワークなどと密接な連携を取りながら、当事者をネットワーク機能のなかで支えていくことが重要です。

（7）ＤＶに関する情報の収集・提供機能――ＤＶを防止し、ＤＶ被害者を保護するためには、何よりもさまざまな情報を収集し、それを有効に活用することです。

以上のように、シェルターやコミュニティが中心となって、（1）から（7）までの機能を臨機応変に果たしながら、ＤＶ被害の女性や子どもたちが新しい人生の再出発ができるように支援していきます。

10章

女性とセクシュアル・ハラスメント

1　事例提示
〈大学キャンパスでのセクハラ〉

■Jさんとの短い出会い

この事例は、被害者であるJさんおよび加害者であるX教授、そして大学側とそれぞれのプライバシーを保護するために、これまでと違って、内容的には簡単に短い記載で終わらせます。

Jさんは、ある大学の助手のポストについている溌剌《はつらつ》とした研究熱心な三十代の女性です。他大学で過ごした修士課程の大学院生時代のことが心に引っかかっていて、現在助手をしている大学のセクシュアル・ハラスメント相談室に尋ねてこられたのが筆者との出会いです。

Ｊさんの修士論文の指導に当っていたＸ教授は、Ｊさんのことをとても気に入っていて、しばしば研究指導と称して自分の研究室に来るように言います。しかし、研究の話はせいぜい五分ぐらいで終わり、他愛のない世間話に何時間も付き合わされるのが常でした。

「ちょっといいじゃないか」と言ってお茶や食事に誘ったり、果てはボーイフレンドとどこまで行っているかなどプライベートなことまで根掘り葉掘り聞きだしたり、断わるのに困るほど執拗に付きまとったりします。

また、学会では、Ｘ教授から連名で発表するように薦められたり、学会会場では恋人のように紹介されたり、必ずいっしょのホテル（別室ではありますが）に泊まらされたりもしました。このような状態でしたので、Ｊさんは、修士課程修了後は他大学の博士課程に進んで、Ｘ教授から離れようとしました。しかし、いろいろ難癖をつけては引き止められ、最後にはＸ教授と喧嘩別れするような形で、その大学から脱出したのです。しかしそれ以降も学会などで顔を合わせることが多く、そういうときＪさんはコチコチになって不自然な振る舞いをしたり、逃げ出したりしてしまいます。

現在は、Ｘ教授の傍らに、昔のＪさん役をしていると思われる院生を見かけますが、それを見るにつけても、Ｘ教授をセクシュアル・ハラスメントで訴えたい気持ちが沸々と湧いてきます。しかし、Ｊさんは今後もＸ教授と同じ分野で研究を続けると決めていますので、訴えることで受けるかもしれない不利益を考えると躊躇してしまうのです。

2　セクシュアル・ハラスメントとは？

■セクシュアル・ハラスメントの定義

セクシュアル・ハラスメント（以下セクハラと略す）に関しては、さまざまな定義がなされています。多くの大学で出されているセクハラ防止のためのガイドラインを見ますと、まず「相手を不快にさせる性的言動」という共通認識があります。ところが、同じ性的言動でも、それを不快に感じる人あるいは場合と、そうでない人あるいは場合を考えますと、セクハラの定義はそれほど単純ではありません。

なぜなら、感じ方には個人差・性差・時代差・文化差などの多様性があるからです。さらに、職場や学校などでは「(権)力（パワー）の差」が歴然としていて、セクハラが起こるのは権力をもつ上司や教員からそれをもたない部下や学生に対して行なわれます。セクハラはそのような権力構造のなかで起こり、「相手を不快にさせる性的言動」であるとまず認識することが重要です。そういう点では、どのような性的言動があったかという事実認定と、セクハラが起こった状況や文脈や権力構造などの背景理解を十分に行なわなければなりません。

次に、セクハラの三タイプについて述べますと、①「対価型」セクハラ、②「環境型」セクハラ、③「ジェンダー型」セクハラに大別されますが、これらはしばしば重複することが多いのです。

（1）「対価型」セクハラ――「就業上・就学上の利益・不利益を与え得る関係を利用して、性的な誘いかけを行なう」ことで、拒否したために仕事が与えられなかったり、今までと違う重要でない仕事しか与えられなかったり、研究指導をしてもらえなかったりなど、不利益を被ることがほとんどです。

ところが、ある人がセクハラに応じたことで、良いポストに就いたり研究成果が得られたりという利益を受けることもあります。しかし、反面、そのほかの人たちがそのぶん不利益を被ることもあり、これも「対価型」セクハラになります。

（2）「環境型」セクハラ――「性的な言動や掲示により、他人に不快感を与える環境を作り出す」ことで、職場や研究室で性的な噂話や中傷を言ったり、性的なポスターや写真などを貼ったり、人目につくところに置いたりすることです。

（3）「ジェンダー型」セクハラ――男女の性役割に起因する差別的な言動を行なうことで、「女性は研究職には向かない」とか、「結婚して子育てをするのが女性の幸せ」など、一般的に社会で容認されているジェンダーに関する差別的な意識や態度をとり、さらにそれにもとづく言動を行なうことを指します。

■セクシュアル・ハラスメントに関する各国の動向

《欧米におけるセクシュアル・ハラスメントの動向》

米国では、一九六〇年代後半から公民権運動やフェミニズム運動が台頭し、それらと連動してセクハラが「職場環境における性差別」の問題として提起されました。

マッキノンは『セクシュアル・ハラスメント・オブ・ワーキング・ウィメン』[3]のなかで、一九七〇年代に裁判で争われた十二の事例について検討を加えています。

一九七六年にウィリアムス対サックスビー事件に対して、連邦地方裁判所が、「性的誘いを拒んだという理由で男性管理職が女性職員に報復措置をとることは、公民権法第七編でいう性差別の要件を満たしている」と画期的な見解を示したと評価しています（一一六頁）[3]。ここでいう米国の公民権法第七編とは、「差別禁止法」を構成する一つの法律で、「雇用に影響を与えるような、性別によるすべての差別」を禁止しており、これが根拠になって以後のセクハラ訴訟が展開することになるのです。

また、一九八〇年には、連邦における雇用機会均等委員会のガイドラインによって、「対価型」セクハラとともに「環境型」セクハラが、公民権法第七編に違反するとの見解が示されました。前者が直接的な性的行為とそれの対価としての労働条件の悪化に関して加害者の責任が問われたのに対して、後者はある特定の個人から女性全般に対して行なわれる誹謗・中傷・卑猥な言動による職場環境の汚染も含まれ、これに関しては雇用主あるいは労働契約主体の責任が問われることになったのです。

ヨーロッパでは米国の動きに遅れますが、ほぼ同様の展開が見られました。一九八六年に欧州議会は、女性差別撤廃条約の採択を受けて「女性に対する暴力に関する決議」のなかでセクハラに言及し、一九九〇年には閣僚理事会で「職場での男女の尊厳の保護に関する決議」を採択し、加盟各国はそれを自国にもち帰り、使用者に対してセクハラの起こらない職場環境の確保を要請しました。

さらに、一九九一年EC委員会では、「職場での男女の尊厳の保護に関する勧告」および「セクハラと戦うための施策に関する行為規範」を採択し、各国はこれに沿って、法改正や特別法の制定に向けて前進したのです。(4)

《わが国における動向》

わが国では、一九九〇年、静岡地裁に提訴されたニューフジヤホテル事件で、被害者が、①性的自由権、②人格的尊厳権、③就労継続権を侵害されたとして、加害者の不法行為責任を追及して勝訴したのが第一号のセクハラ裁判といえます。

二年後の福岡裁判では、加害者はもちろんのこと使用者責任も認められ、セクハラ裁判が加害者および使用者の民事責任が認められた点で、とりわけ意義が深いと思われます。

このようにセクハラ裁判は、①性差別の視点、②人格権侵害の視点からのアプローチがありますが、米国は差別禁止法が制定されている関係上①の観点で、ヨーロッパおよび日本では②の観点で争う傾向が認められます。

ところで、わが国では、一九九八年に男女雇用機会均等法が改正されました。第二十一条によって、「事業主は、職場において行われる性的な言動に対するその雇用する女性労働者の対応により当該女性労働者がその労働条件につき不利益を受け、又は当該性的な言動により当該女性労働者の就業環境が害されることのないよう雇用管理上必要な配慮をしなければならない」として、雇用者の配慮責任が明記されましたが、これは非常に緩やかな不満足な規定と言わざるをえません。

しかし、わが国ではこの二十一条を受けて、一九九八年に人事院規則一〇－一〇（セクハラの防止等）が出され、人事行政における公正の確保、職員の利益の保護および職員の能率の発揮を目的として、セクハラの防止・排除・セクハラが起こったときの適切な対処のための措置が定められました。

さらに、二〇〇一年には、「文部科学省におけるセクシュアル・ハラスメントの防止等に関する規程」および運用通知が定められ、一般企業における職場のセクハラから公的機関や国公立大学におけるセクハラへと移行していったのです。現在は、大学でのセクハラを「キャンパス・セクハラ」、中・高校でのそれを「スクール・セクハラ」と呼び、さらに「キャンパス・セクハラ」から「アカデミック・セクハラ」へと問題は拡大しています。

■セクハラについての相談プロセス

事例提示で示したJさんについて、どのような形で相談を受け、セクハラをアセスメント（査定）して、どのように問題解決を図ったかを若干述べたいと思います。

まず、Jさんの場合は、明らかな「対価型」セクハラです。X教授はJさんが婉曲《えんきょく》に何回断っても、食事に三時間おしゃべりに五時間という具合に、彼女の貴重な研究および私的な時間を侵害しています。このように、指導される学生の断わり難い状況を利用して、X教授は性的な話題やプライベートな時間にJさんを付き合わせています。そして、このことへの「対価」かどうか分かりませんが、一度ならず連名の学会発表をさせています。このことは、Jさんにとって実力で得た業績と手放しで喜べない状況で起こっており、周囲からも「特別に目をかけてもらって……」と陰口をささやかれる事態を引き起こしたようです。

このように、X教授は自分のもつ研究権を乱用してJさんを自分の研究に引き入れ、その成果を連名で学会発表させ、院生にとって名誉ともいえるご褒美を与えているのです。

また、教授の人事権を乱用して大学を去ろうとするJさんに対して、邪魔をしたり自分の弟子のいる大学に行かせようとしたりします。このように、X教授に限らず、指導教授はもともと学生に対しては教育権・研究権・人事権など絶大な権力をもっており、その権力に無自覚あるいは自覚的に行使すると、教育・研究環境はセクハラの起こる温床と化してしまうのです。

そこで、セクハラが起こった被害の状況および実態を被害者の側から明らかにし、セクハラの起こりやすい教育・研究環境を是正することが、大学におけるセクハラ相談室およびセクハラ防止委員会の役割なのです。

したがって、Jさんに関しては、X教授のいる大学のセクハラ防止体制に訴える方法がまず考えられます。しかし、今後研究者として教授と同じ研究分野で生きて行こうとするJさんにとって、今X教授を訴えることは、予想されるデメリットを考えると大きな勇気が必要で、Jさんの気持ちはまだそこまで固まっていないのが現状なのです。

相談員が現在できることは、以前の大学のセクハラ防止体制についての情報を取り寄せ、それをJさんに提供するだけにとどまりました。なお別の事例では、教授が退官して学会での影響力もなくなった十七年目にして初めて、実害が及ばないことを確認しつつ訴える準備をしている女性研究者もいます。

■セクハラ相談員の守るべき心がまえ

私たちセクハラ相談員が、被害者と向き合ってさまざまな援助を行なう場合、気をつけなければならないことがいくつかありますので、そのことについて述べます。これらの心がまえは、相談業務に携わる者の「いろは」ですが、セクハラ相談の特殊性に繋がるため、特に気をつけたい点でもあります。なお、これらの点に関しては、石井ら（二〇〇四）の『セクハラ・DVの法律相談[1]』のなかで筆者が書いたものを部分的に引用します。

（1）相談者の心身の安全とプライバシーの保護——相談者は例外なく長い間セクハラ被害に悩んできており、やっと意を決して相談に来られたのですから、セクハラ相談に来ていることさえ知られたくないというぎりぎりの状況に置かれています。この切実な状況を理解し、相談に来たことが不利益にならないように、心身の安全とプライバシーの保護に十分な配慮をしなければなりません。

（2）受けた心の傷へのいたわりと共感的理解——相談者の受けた心の傷は、当事者にしか分からない深い傷ですが、相談員が相手の話を傾聴し、心の傷へのいたわりと共感的理解を重ねることで、相談者との信頼関係が生まれ、問題解決に向かうことができるようになります。

（3）二次被害の防止——被害者の相談を受けていますと、ときに信じ難いことが起こったり、被害者の言動を誤解したりして、よほど注意しないと、被害者を暗に批判し非難してしまうことがないとは言えません。

「そのとき、どうして大声を出して助けを求めなかったの？」「逃げることも出来たかもしれませんね」など、セクハラ相談員としての資質を問われる愚問を発して、被害者に二次被害を与えることがありますので、細心の注意を払っても払い過ぎることはありません。

（4）相談者の問題に対する社会化・構造化（パワー）——セクハラは元来、二人の間で起こる私的な問題のように見えますが、教授と学生、あるいは上司と部下という「上下関係」、さらに言えば「権力構造」のなかで起こる非常に公的な問題であり、だからこそ、公的な介入が必要になるのです。

相談員はカウンセリングのなかで、セクハラが個人的な問題に留まらず、それを超えて、社会の権力構造に組み込まれた社会的・政治的な問題であることを自覚する必要があります。そして、相談者にもこのことをはっきり伝え、社会的・公的に問題解決を図ることが重要なのです。

具体的には、相談員は、大学のなかに設置されているセクハラ防止委員会に、セクハラ被害事例の対処を依頼して、防止委員会による調停や調査委員会による加害者の処分、あるいは環境の改善などの解決に委ねるのです。

（5）　精神医学的状態像（鬱病やPTSD）に注目――人は耐え難い出来事に遭遇し、長期にわたってそれを受け続けますと、鬱状態やPTSD（心的外傷後ストレス障害）に罹患することが少なくありません。突然思いもよらないときに過去の出来事が甦ったり、悪夢にうなされたり（侵入症状）、体験を思い起こす場所や人を避けたり、つらい体験に晒されないように感情を麻痺させたり（回避・麻痺症状）、体験を忘れるかのように活動性が高まったり（過覚醒症状）、さまざまな症状が起こります。

これらのPTSD症状や鬱やパニック症状が認められる場合は、このことに精通している精神科医や医療機関に繋げて、薬の処方や処置によって危機介入を図ることが重要です。

（6）　相談者の自己選択権・自己決定権の尊重――相談者が受けたセクハラ被害をどこにどのように訴えたら良いのか、その後の教育・研究を受ける権利や生活権の保障などを、どのように行なったら良いのかなど、問題は山積しています。

相談員と検討しながら、最終的には、相談者本人の選択と決定が最優先されます。相談者が納得できる選択と決定を下せるように、相談員は必要な情報を提供したり、公的・私的機関や人とのネットワークが可能であることを伝えたりして、相談者を支えます。

（7）相談者へのエンパワーメント（能力を引き出し、権限を付与すること）とアドボカシー（権利擁護）――相談者は、もともと潜在的なパワーをもっています。現在は、教授や上司のパワーによってそれが制限されている状態ですから、相談員は本来のパワーが発揮できるように、相談者をエンパワーメントする必要があります。

たとえば、同じセクハラ被害体験を受けた人たちの作る自助グループに参加することで、他のメンバーからエンパワーされたり、自分が他のメンバーをエンパワーしたりして、パワーと自信を取り戻すことができます。

さらに、アドボカシー活動もエンパワーメントに繋がります。たとえば、裁判所に提訴する場合に、支援できる弁護士を紹介したり、相談者がセクハラ防止委員会や裁判所に出廷する場合に同行したり、調査委員会や裁判所に提出する意見書を作成したり、相談員はさまざまなアドボカシー活動を行なうことができます。

このように、相談員は面接室にこもって相談者の話に傾聴し、個人の成長や自己実現に向けて援助するだけでなく、機関や人を結ぶネットワーク機能、情報提供機能、環境調整機能、エンパワーメント機能、アドボカシー機能などを担って、これによって相談者に有効な援助を行なうことが出来るのです。

以上述べてきたように、セクハラについては、人びとの意識がある程度定着してきたとは言え、セクハラを正当にアセスメントしたうえで、個人的・社会的・文化的文脈で解決を図っていくことへの理解は不十分です。

セクハラ被害者は、まずセクハラによって受けた心の傷（トラウマ）を自覚し、トラウマからの回復段階を経て、自己肯定感やプライドを取り戻すことが重要です。

さらに、個人的な被害体験を通して、広く社会的・文化的な問題として捉え直し、法律にもとづく解決を図ったり、事例を積み重ねて行くことで、法律の改正や社会体制の不備を正す方向で運動したり、将来的にセクハラが起こらない環境を大学やコミュニティ・レベルで予防的に働きかけたり、さまざまな解決への取り組みが多くの人びととのコラボレーション（協働）によって行なわれてはじめて、相談者は心身ともにセクハラから回復することができるのです。

終章

女性と老親の介護

1 〈お母さんありがとう、そしてさようなら！〉

■オウム返しの手紙のやり取り

筆者は四十歳を過ぎて、新しい人生の転機を求めて渡米しましたが、両親とも、「あなたが決心したことなら、応援するしかない……」と、しぶしぶ同意してくれました。たしかに十六年間の公務員生活に終止符を打って、退職金と親の細いすねと二、三人の友人を頼って米国に留学するわけですから、同意はしたものの、老年期を迎えた両親にとっては並大抵なことではなかったでしょう。それでも決心した理由には一言も触れずに、最後は気持ち良く送り出してくれました。そして、それから三年間、私は一週間に一回は必ず手紙や電話で連絡を取り合いながら、太平洋を挟んで六千マイルの距離を隔てて、それぞれに過ごしたのでした。

母の異常というより、何かおかしいという感じを手紙や電話から受けたのは、渡米して一年半ほどたった頃からでした。電話の声に張りがなく、手紙は時節のあいさつと「頑張ってね」という励ましだけのあっさりしたものに変わっていきました。

私は寝ても覚めても英語ばかりしゃべらなければならない生活に疲れて、手紙や電話で日本語や日本文化に接するのが何よりの楽しみでした。それなのに、母から返ってくる言葉はいつもオウム返しで、はっきり言ってがっかりさせられました。最初のうちは、たぶん一人娘をアメリカに送り出して、寂しい思いをして落ち込んでいるせいではないかとか、「空の巣症候群」になっているのではないかとか、なるべくたいしたことではないと簡単に考えようとしていました。それに、父がいつも側にいるのだから、心配はいらないと高をくくっていました。

これは変だと気づき出したのは、私の頼み事がことごとく無視され出した頃からでした。日本でベストセラーになっている本や、大学に行って取ってきてもらう必要のある証明書類や、大切にしていた洋服や小物などを送ってくれるように頼んでもナシのつぶてで、いつも来るのは時候のあいさつと「頑張ってね」の励ましの言葉でした。やっと休みが取れて様子を見に帰国しても、それほど嬉しさを表情や言葉に出してくれるわけではありませんでした。何よりもショックだったのは、料理が好きで抜群の腕の持ち主だった母が、帰るその日に何の手料理も準備してくれていなかったことでした。

■鬱病と痴呆症のはじまり

元来、母は人にも物にも細かく気遣いをし、繊細な神経の持ち主でしたが、幸いにも内にこもる方ではなく自己表現や感情表現も歳の割にはよくする方でした。それが、久しぶりの娘との再会にも、格別に嬉しさを表に現わすわけでもなく、元気なく昼間からベッドでゴロゴロして、テレビや新聞を見る意欲も失っていたのです。

実際に一年半ぶりに会って見ると、これは間違いなく初老期鬱病だと医者でもない私が診断できるほどでした。私が米国に行ったばっかりに、母に寂しい思いをさせて鬱病にさせてしまったのだという自責の念を抑えることができませんでした。かと言って、せっかく大学院に行き出したのに途中で止めて帰ってくるわけにもいかず、しかもそれは母の本意でもないと分かっていたので、知り合いの精神科医に治療をお願いして再びアメリカに戻ることにしました。

その後の私の学生生活は勉強や遊びに追われて、充実感と満足感で自分の決断に間違いはなかったと実感できる日々でした。ただ、ひとつだけ私を悩ましたのは毎晩見る母の夢でした。多くは、夢のなかで二人とも若やいで楽しい時を過ごしていましたが、母がトンチンカンなことを言ったり、迷子になって私が探し回ったりする場面で、突然目が覚めるのでした。

それから一年、実際の母の容態は特に変わることもなく、一進一退で過ぎて行ったようでした。結局、母が嫌がったので、父は無理に病院に連れて行くこともできず、薬を飲まずに普通に過ごしていたのです。そして今までは、「男子厨房に入らず」を地で行っていた明治生まれの父が、食事の支度や買い物など家事を半分ずつ母と分担しながら、仲良く二人三脚で生活していたようです。

一方、私は、母のこともあって博士課程に行くことを断念して、三年振りに日本に帰ってきて、両親と生活するようになりました。そこで私は、重大な誤診をしていたことに気づきました。

母は、実は鬱病ではなく痴呆症が始まっていたのでした。家族にとって、鬱病を受け入れることはそれほど苦痛を伴わないのですが、自分の親である人が痴呆症になっていることは耐え難いことです。過去の記憶は不確かながら残っていても、昨日・今日の記憶が無残にも損なわれているのです。母自身も思い出せないことに苛立ち、「こんなお馬鹿さんになって、皆に迷惑をかけるようじゃ、死んだ方がましだわ」と口走るようになりました。

「年を取れば忘れるのが普通なんだから、気にしないこと」と慰めながらも、内心どこまで母の病気が進行するのかとはらはらしていました。それと、さらに家族にとって苦痛なことは、自分の親がどんどん子ども返りするのを見なければならないことです。もともと気丈でプライドの高い母だっただけに、自分の記憶や判断力にまったく自信がもてなくなると、父や私に全面降伏してまるで赤ちゃんのようにイノセントになってしまい、それが何とも不憫で涙が止まらなくなるほど辛いことでした。

ところで、かつて筆者が都立病院神経科で臨床心理士として仕事をしていたとき、部長の精神科医から、「初老期の人を診る時は、二つのDに気をつけるように」と言われたことを思い出しました。

すなわち、「鬱病：Depression」と「痴呆：Dementia」のDです。その頃筆者は、できるだけ多くの初診患者のインテークをとり、精神科医と診断や処遇について討議していました。そういうなかで、ふたつのDに関しては、ほとんど一〇〇％鑑別できると自負していたほどでした。

ところが、やはり身内には目が曇ってしまうのでしょうか。母はもともと躁鬱の気分の波はありませんでしたし、すべてを気分だけで説明するには、初めから無理があったようです。しかし、家族の欲目で、痴呆と思いたくない気持ちが無意識に働いて、初歩的な間違いをしでかしてしまったのです。

■痴呆の妻を支える夫の気持ち

私がアメリカから帰国した安心感と、何でも言うことを聞いてくれる夫がいるせいで、母はだんだん元気が出て来て、痴呆もそれほど進行することなく小康状態を保っていました。元気が出て来た分だけ、母は自分の夫に対して恨みつらみをぶつけるようになって来ました。たしかに、父は仕事とお酒が大好きで、家庭は母任せにしてほとんど顧みることがなく、典型的な日本の男性でした。若い頃は、仕事の関係で数年おきに引っ越しをし、月の半分は国の内外に出張して家を明けており、母は病弱の姉と私を抱えて、てんてこ舞いだったのを子ども心に覚えています。

今のように何でも手に入る裕福な時代ではありませんでしたので、着る物は上着から下着まで全部母の手作りでしたし、おやつのケーキやクッキーなどもすべて自家製で、母は子ども心に何でもできるスーパー・レディでした。たぶんこの過労がもとで、母は脊椎カリエスになって二、三年寝たきりになってしまいました。母の病気でやっと父が家庭に戻って来てくれて、男の料理（いつも鍋物でしたが）と家事をやり繰りしてくれました。

それでも母が病気から回復して元気になると、父はまた鉄砲弾のようにいなくなり、帰って来るのは午前様でした。ときには同僚と一緒に帰ってきて、母の手料理で夜中からまた飲み直すということもありました。そうすると、両親は次の日から無言の行に入り、子どもながらに「いつ終わるのだろう」とはらはらして見ているしかありませんでした。

父から受けた理不尽な仕打ちは、痴呆とは関係なく母の脳裏に鮮明に焼き付いていたのでしょう。晩年を迎えても、相変わらず恨みつらみの繰り言を母から聞かされて、父も平身低頭言葉で謝るしかなく、母はそれでもどうしても許す気にはなれなかったようです。

父は若いときの償いのつもりで、根気よく母の世話をすると母の恨みも少しは和らぎ、そんなときは今までに見せたことのない円満な夫婦に変身し、私も心から「ヨッ、素敵なカップルさん」と声援を送りたくなるのでした。もともと仲の良い夫婦とは言えなかった両親でしたが、少しずつお互いに折り合い寄り添うようになってきました。

弱った母はほとんど全面的に父に依存し、母の人生の幕引も娘ではなく、連れ合いだったというのが、私にとっては衝撃的と言えばそうでした。すなわち、その日の朝まで元気で、いつものように私を玄関先で見送ってくれた母が、夕べには意識不明のまま病院のＩＣＵにいてそこで再会することになったのです。

父と一緒に夕食の準備をしている最中に、突然けいれん発作を起こし、父が救急車を呼んだときもけいれんが止まらず、病院で二回も心停止を起こし、二度と言葉を交わす事のできない状態になったのです。それから三カ月後に母は旅立って行きましたが、その日は「今日は危ないかもしれない」と主治医から宣告され、泊まり込み体制をとるため、ほんの数十分間私が弁当を買いに病室を空けている間に、父が一人で見送ったのです。

二度とも私が不在で、父と二人のときだったというのが、何か夫婦の深い絆や因縁を象徴しているようで、娘の私としては一抹の疎外感と寂しさを感じながらも、夫婦が最後に和解し強く結ばれたのだと思うしかありませんでした。

■痴呆の母を支える娘の気持ち

私と母は、世間でよく揶揄される「双生児親子」であったかもしれません。少なくともワーカホリックの父親と、心臓病のため中学一年で夭折した姉が二人とも不在の家庭では、残された私たち母と娘は、「双生児親子」にならざるを得なかったのかもしれません。

一歳違いの姉が病死するまでの十二年間、あそこの病院、ここの先生、そして最後はあの宗教と、姉の病気に良いと聞けば日本全国を連れ歩き、母はそれを生きがいにしているように見えるときさえありました。この状況で、姉が突然一晩のうちに心臓病で夭折《ようせつ》したのですから、その後の母の私への思いや期待は並大抵ではなかったと想像できます。

それで私も、小さいときから親の手を煩わさない何でも一人でできる「良い子」ということになっていました。手のかかる病弱の姉に比べると、「しっかりした克ちゃん」を自負していましたし、いわゆるアダルト・チャイルドのはしりとして、知らず知らずにその生き方を身につけていたのかもしれません。不在がちの父親と子どもの看護にかかりっきりの母親の注目を集めるとしたら、成績が良く先生に褒められる手のかからない「良い子」であることが手っ取り早く、私自身それに何の疑問も感じないで生きて来ました。

ところが、突然姉がいなくなって、急に主役になって舞台でスポットライトを浴びたのですから、当惑にも似た戸惑いがしばらく続き、「今まで放っておいて、何でいまさら細々とうるさく言うの」という母への反発ともなりました。さまざまな感情が交錯して、私たち母娘は必ずしもうまく行っているわけではありませんでした。

特に私の弱点は、母性的なものからの接近恐怖であり、人と親密になることへの抵抗とシニカルな構えでした。母はその頃の世間の女親のように、「私もあなたのように、何でも自由にやれて、実力を備えて男性と伍して行ける時代に生まれたかった」と、羨望とも嫉妬ともつかない口癖を繰り返していました。

また、普通から見れば、多少大酒呑みであっても一応優れた研究者として評価されていた父でしたが、母から見れば山ほどの不満を感じていたようです。私は何となく無意識に、母の不満のはけ口になることと、母の理想の代役になるのは嫌だという思いがあり、母のことを煙たがり避けていたところがありました。

たまたま父が関西の大学に移ることになり、私が東京に残り、母が関西との往復という二重生活が始まりました。母の期待や接近からいくらか解放され、大学時代は結構自由を謳歌し、その後すぐ結婚して離婚して一人暮らし、そして渡米と今までの自分の人生を振り返ると、結果的には親とひどく遠い距離をとり続けていたような気がします。

もちろん、基本的には両親の信頼と承認をいつも感じていたのですが、ほとんど両親に相談することなく何でも一人で決めて、両親はいつも事後承諾させられていたようです。母にとっては、しっかりしていても勝手な子どもで、親に頼ることもない可愛くない娘だったように思います。

ところで、私も父に勝るとも劣らない仕事人間で、成人した後の母子関係が疎遠とも言えるほど淡々としていたのは、私のワーカーホリックが原因だったようです。

あるとき母は、「ママはあなたの患者になりたいわ。そうすれば、週一回は話を聴いてもらえるんでしょ」と、笑いながら話していました。母は娘と他愛のない会話をしたり、親に頼ってくれる優しい娘を望んでいて、これほど淋しく思っていた母の言葉を思い出すと、申し訳ない気持ちともっと時間を作っておけば良かったという悔やみで、今でも涙がこぼれます。

でも、母が急死ではなく三カ月間意識のない植物人間に近い状態で生き永らえたことは、母が私にくれた大事な時間だったような気がします。朝と夜には私が、昼間には父が、ずっと母のベッドの傍らで過ごす毎日でした。聴いてくれているに違いないと思いながら、今日あった出来事を一通り報告して、それから本を読んであげたり、テレビを見せてあげたり、自分の仕事を持ち込んだりして、病室で母と穏やかな一時を過ごしたのです。

こういう形でなく、このような時間をもっと前に共有できていたらと悔やまれますが、母が私たちに最後に残してくれた素敵なプレゼントだったと心から感謝しています。

母が亡くなって、残してくれたわずかな遺産を何かのために有効に使い生かすことが、私に課せられた母の遺志と思い、いろいろ考えた末に、ドメスティック・バイオレンスの被害者のためのシェルターを作ることにしました。

今年で丸七年を過ぎますが、すでに三百人を超える女性や子どもたちがこのシェルターを巣立ち、それぞれの生活を始めています。皆が皆幸せに暮らせているとは言えませんが、時どき母に手を合わせて愚痴を聞いてもらったり、一緒に喜んでもらったりしながら切り抜けています。母はどう感じているか知る由もありませんが、いつもどこかで見守ってくれているようで力が湧いてきます。

2　ナラティブ・セラピーとは？

■人生の幕引はナラティブ・セラピーで……

この本も終章を迎えることになりましたが、読者の皆様にお付き合いしていただいて、私自身が八年前に母を病気で突然亡くすという喪失体験を聞いていただきました。この時期に、娘の立場から改めて母の生と死を思い起こしながら、私の言葉で母の生涯を語るという形で、読者の皆さんにナラティブ・セラピーのセラピストになっていただいたわけです。私の語りを聴き取っていただくことで、母の人生の意味づけをし直して、母の死を悼み、筆者自身のグリーフ・ワーク（喪の仕事）をさせていただいたわけで、改めて読者の皆様に感謝をしたいと思います。

ところで、最近「ナラティブ・セラピー」という言葉をよく耳にするようになり、一部の人びとに熱い関心を集めているようです。そのまま日本語に訳すと「語り療法」になりますが、語りが治療になるかというと、簡単なように見えて、かなり難しい哲学的な意味合いをもっています。

フェミニスト・セラピー、カウンセリング、精神分析など、傷ついた人の心を癒やす方法はいろいろありますが、これらに共通しているのは、言葉を介して自らを語るということであり、これらをすべてナラティブ・セラピーと言うことができるかもしれません。

そもそも、narrative を辞書で引くと、形容詞としては「物語り（風）の」であり、名詞としては「物語り、話、（物語りの）地の文、物語り体」などと書かれています。ここでいう物語りとは、人生の物語り、すなわちライフ・ヒストリーなのです。

クライエントが自分のライフ・ヒストリーを語り、セラピストがそれに耳を傾けて聴き、二人の間で新しいライフ・ヒストリーを紡いでいくこと、それがナラティブ・セラピーなのです[6]。

■女性自身がライフ・ヒストリーを語るということ

またしても言葉の意味を考えてみたいのですが、ライフというのは人生、生涯、生き方、生活、生、いのち、生命などいろいろな意味をもった含蓄のある言葉です。そして、私たちがクライエントと呼ばれる人びとと会うとき、これらの意味をすべて頭に入れて、クライエントのトータルなライフに向き合うことが必要だと考えています。

それは取りも直さず、セラピスト自身のライフを傍らに置いておくのではなく、クライエントの物語りの地となって存在するということを意味します。物語りは地がなければ、図として浮き上がって来ませんし、人生を物語るにも聴き手がなければ独り言に終わってしまいます。

次に物語りというのは、山田によると、「二つ以上の出来事を結び付けて筋立てる行為」と定義しています[10]。人生にはさまざまな出来事があり、私たちはさまざまな経験のなかに生きています。そして、私たちは一つひとつの経験を構成し、秩序づけし、組織化し、意味づけしながら生きているのです。したがって、物語りという行為は、経験を組織化し意味づけする行為なのです。

以上、二つの概念を二重に結び付けた「ライフ・ヒストリーを語る」という行為は、人生の節目に、人生の決断のときに、そして人生の終わりに、人は必ずや無意識に行なっているのではないでしょうか。

母の人生を振り返ると、母はあまりにも自分を語ることが少なかったように感じます。それは母自身が語るのを苦手としていたというより、日本の女性あるいは母の世代以前の女性が、主体的に人生の節目や決断の時をもたなかったためでもあります。結婚でさえ親が決めて見合いをして、二、三回付き合って結ばれるというのが普通でしたし、母は父の転勤に反対していましたが、単身赴任してほしいと言うほど強くは反対できないため、母自身が大変な思いをして子どもと夫の間を行き来していました。

たぶん、母の語りを聴いてくれる人がいれば、そのチャンスがあれば話したかもしれませんが、そういう個人的なことや家のことは口外するものでないという思いもあったようです。

「ママはあなたの患者になりたいわ。そうすれば、週一回は話を聴いてもらえるんでしょ」という台詞は、母の切実な哀しい叫びだったのです。このように、多くの女性たちは人生の決断をする主体になることもなく、自分の人生を変えるチャンスも持ち合わせていなくて、自分のライフ・ヒストリーを語ることもなく、人生を終わってしまうのです。

女性たちの体験が正当に意味づけられる、そのようなライフ・ヒストリーを語れるナラティブ・セラピーが、特に女性たちの間に浸透することを切望するのです。そして、フェミニスト・セラピーでは、女性自身が自分のライフ・ヒストリーを語るナレーターになってもらい、セラピストとともに新しい人生の意味づけを見つけて、生き直してもらうための魅力的なセラピーなのです。

■ドミナント・ストーリーからオールタナティブ・ストーリーへの書き換え

前述のように、ナラティブ・セラピーは、ナレーターであるクライエントとリスナーであるセラピストが、クライエントの語ったライフ・ヒストリーをもとに新しいヒストリーを共同制作する過程だと言えます。

ナラティブ・セラピーでは、最初に語られたストーリーをドミナント・ストーリー（優位物語り）、新しく共同制作されたストーリーをオールタナティブ・ストーリー（代替物語り）と名づけています。[5]

人はさまざまなことを体験し、その体験に意味づけをして経験として蓄積し、その経験から次の行動を起こすことを繰り返しているのです。たとえば、子どもが美味しそうなお菓子にすぐ手を出すと、親からびっしと叱られるという体験をしたとします。お姉さんが、「これ美味しそうだから、ひとつちょうだい」と手を出してお菓子を手に入れることができたとすると、自分と姉の行動を見比べて、お菓子を手に入れるための行動の意味づけをして、次の行動を起こし、お菓子を手に入れることに成功するのです。

このように体験を意味づけするときに、ドミナント・ストーリーというレンズや内的モデルが有効な推進役になるのです。[1] すなわち、ドミナント・ストーリーというのは、個人のなかにある世界を見る媒体（レンズ）やアイデンティティだけでなく、むしろ社会的規範や文化の要請によって作られたもので、その人が本来望んで作ったストーリーとは違うかもしれないのです。

このことに気づき、その人にとって意味のある、しかし生きられなかったストーリー、すなわちオールタナティブ・ストーリーを作り出すことが、ナラティブ・セラピーの目指すものなのです。

ところで、フェミニスト・セラピーは、ナラティブ・セラピーと同様のプロセスを踏んで、女性たちのストーリーの書き換えを援助します。

母のことで述べますと、戦前の家父長制の強い時代に育った母は、自分の父親や夫が絶対で、彼らの意向に添うのが女性たる者と躾けられて来ました。女性が社会に出て仕事をするなどもっての外で、不承不承ながら決められた女性としての役割に従うしかなかったのです。自分のしたいことを選んでできる時代ではなかったのですが、洋裁が好きだった母はささやかな楽しみとして、外国から取り寄せた雑誌や有名なデザイナーの書いた本などを読んで、独学で洋裁をマスターして自分や子どもの洋服はもちろんのこと、人から頼まれたものまで作っていました。

私の着るものは下着からオーバーまで、さらにウェディング・ドレスまで作り上げるという達人でした。その人のイメージに合った洋服を、納得の行くまで存分に作るのが母の楽しみでもありましたが、側で見ていた私たちは、夜も寝れないほど打ち込む母の姿を見てやめればいいのにと冷ややかに思っていたのです。世が世なら、ブティックの一つや二つは持っていたかもしれないと想像できるほどでした。

この唯一の楽しみ以外では、十二年間死に物狂いで姉の世話をした後、残された子どもである私に、姉と母の生きられなかった分まで実現するというライフ・ヒストリーを託すしかなかったのです。また、必ずしも円満な夫婦生活を送ってきたとはいえない母が、最後の二、三年間、痴呆状態になってから、夫への不満や恨みや悔しさや怒りを思いっきり出し切って（逆に言えば、痴呆にならなければ出せなかったかもしれないと思うと、なおさら哀しいのですが）、家事からもほぼ全面的に解放され、夫と娘に完全に頼りきって世話をしてもらい最後の時間を過ごしたのです。

残念ながら、母自身が語り部になることはありませんでしたが、私たちに三カ月という貴重な時間を与えてくれて、父も私も母の辿った人生をゆっくり思い返すことができ、母についての父のストーリーと私のストーリーが出来上がり、それが母の残してくれた貴重な財産となったのです。

最後に、高齢の女性（に限りませんが）にセラピーを行なう場合、私たちは相手を治すということではなく、相手が自分語りをするのを一緒に聞かせてもらうというスタンスでいたいと思います。特に、女性たちは自分の人生の語り部になるチャンスがとても少ないので、私たちセラピスト、看護師、医師が彼女たちにしてあげられることは、相手が良き語り部になれるように、尊敬の念をもって傍らに座し彼女たちを見守ることでしょう。

そう考えると、高齢者が人生を語るのに同行すること、あるいは私が母の人生を語ることは、厳密な意味でオールタナティブ・ストーリーを作り上げることとは少し違い、これをナラティブ・セラピーというには無理があるかもしれません。

したがって、高齢者にとってのナラティブ・セラピーとは、今までの人生を語ることでドミナント・ストーリーの意味を確認し、ドミナント・ストーリーをそのまま受け入れることなのです。それは、家族構造や家族を支えている社会構造を変えるという、ナラティブ・セラピーが持っているある種の過激なものではなく、人生肯定的な心優しいナラティブ・セラピーではないかと思います。

素晴らしい人生の終章とは、人生の幕引がその人の手に委ねられていて、その人らしい人生のストーリーを持って旅立つ準備をする時期ではないかと思います。

なお、この本の終章に、母のライフ・ヒストリーの一部を書き綴ろうと思い立ったのは、以前に読んだ『いま家族とは』(8)という本に刺激されたためです。機会があれば、ぜひこの本の一読をお勧めして、筆を置きたいと思います。

文献

序章

(1) American Psychiatric Association (1994): *Diagnostic and Statistical Manual of Mental Disorders* (4th ed). APA, Washington D. C. 高橋三郎・大野裕・染矢俊幸訳『DSM-IV精神疾患の診断・統計マニュアル』医学書院、一九九六年。

(2) Eichenbaum, L. & Orbach, S. (1983): *Understanding Women: A Feminist Psychoanalytic Approach*. New York: Basic Books. 長田妙子・長田光展訳『フェミニスト・セラピー——女性を知るために』新水社、一九八八年。

(3) Friedan, B. (1963): *The Feminine Mystique*. New York: Norton. 三浦富美子訳『新しい女性の創造』新装版・増補版、大和書房、一九八六年。

(4) Gartner, A. & Riessman, F. (1977): *Self-Help in the Services*. Jossey-Bass. 久保紘章監訳『セルフヘルプグループの理論と実際』川島書店、一九八五年。

(5) Horney, K. (1967): *Feminine Psychology*. New York: W. W. Norton.

(6) Jordan, J. V. (ed.) (1997): *Women's Growth in Diversity*. The Guilford Press.

(7) 川喜田好恵『自分でできるカウンセリング——女性のためのメンタル・トレーニング』創元社、一九九四年。

(8) 河野貴代美『フェミニスト・カウンセリング』新水社、一九九一年。

(9) 河野貴代美編『フェミニストカウンセリングの未来』シリーズ〈女性と心理〉第四巻、新水社、一九九九年。

(10) Levinson, D. J., Darrow, D., Klein, E. B., Levinson, M. H., & McKee, J. B. (1978): *The Seasons of a Man's Life*. New York: Alfred A. Knopf. 南博訳『人生の四季』講談社、一九八〇年。

(11) Levinson, D. J. & Levinson, J. D. (1996) : *The Seasons of a Woman's Life*. New York : Alfred A. Knopf.
(12) Miller, J. B. (1986) : *Toward a New Psychology of Women*. Pelican Books. 河野貴代美監訳『Yes, But……――フェミニズム心理学をめざして』新宿書房、一九八九年。
(13) Rapaport, J. (1981) : In Praise of Paradox : A Social Policy of empowerment Over Prevention. *American Journal of Community Psychology*, 9 (1), 1-25.
(14) Rosewater, L. B. & Walker, L. E. A. (1985) : *Handbook of Feminist Therapy Women's Issues in Psychotherapy*. Springer Publishing Company. 河野貴代美・井上摩耶子『フェミニスト心理療法ハンドブック』ブレーン出版、一九九四年。
(15) 斎藤学・波田あい子編『女らしさの病い――臨床精神医学と女性論』誠信書房、一九八六年。
(16) Sullivan, H. S. (1953) : *The Interpersonal Theory of Psychiatry*. Norton. 中井久夫・宮崎隆吉・高木敬三・鑪幹八郎共訳『精神医学は対人関係論である』みすず書房、一九九〇年。
(17) The Boston Women's Health Collective (1971) : *Our Bodies, Ourselves*.
(18) Vaillant, G. E. (1977) : *Adaptation to Life*. Little Brown.
(19) Valentick, M. (1986) : Feminism and Social Work Practice. In Turner, F. (ed.), *Social Work Treatment : Interlooking Theoretical Approaches*. The Free Press.
(20) Zimmerman, M. A. (1995) : Empowerment Theory, Research, and Application. *American Journal of Community Psychology*, 23 (5), 569-579.

1章

(1) Beck, A. T. (1976) : *Cognitive Therapy and the Emotional Disorders*. International University Press. 大野裕訳『認知療法――精神療法の新しい発展』岩崎学術出版社、一九九〇年。
(2) Dickson, A. (1982) : *A Woman in Your Own Right*. Quarted Books. 山本光子訳『アサーティブネスのすすめ』

柘植書房、一九九一年。
（3）Gilligan, C. (1982) : *In a Different Voice : Psychological Theory and Women's Development*. Harvard University Press. 岩男寿美子訳『もうひとつの声――男女の道徳観のちがいと女性のアイデンティティー』川島書店、一九八六年。
（4）平木典子『アサーション・トレーニング――さわやかな〈自己表現〉のために』日本・精神技術研究所、一九九三年。
（5）小柳しげ子「フェミニストカウンセリング技法としてのアサーティブ・トレーニング」『フェミニストカウンセリング研究』第一巻、一〇四－一一三頁、二〇〇二年。
（6）Miller, J. B. (1986) Feminism and Social Work Practice. In Turner, F. (ed.), *Social Work Treatment : Interlooking Theoretical Approaches*. The Free Press.
（7）Schaef, A. W. (1987) : *When Society Becomes An Addict*. Harper & Row. 斎藤学監訳『嗜癖する社会』誠信書房、一九九三年。
（8）吉田敬子『母子と家族への援助――妊娠と出産の精神医学』金剛出版、二〇〇〇年。

2章

（1）Bassoff, E. S. (1991) : *Mothering Ourselves : Help and Healing for Adult Daughters*. Penguin Books. 松本邦子・山口知子訳『娘が母を拒むとき――癒しのレッスン』創元社、一九九六年。
（2）Chodorow, N. (1978) : *The Reproduction of Mothering : Psychoanalysis and the Sociology of Gender*. University of California Press.
（3）Elson, M. (1987) : The Kohut seminars on self psychology and psychotherapy with adolescents and young adults. 伊藤洸監訳『コフート』自己心理学セミナーI、金剛出版、一九八九年。
（4）Erikson, E. H. (1950) : *Childhood and Society*. New York : Norton. 仁科弥生訳『幼児期と社会1・2』みすず

書房、一九七七年－一九八〇年。

3章

（1） Adler, A. (1929): *The science of living.* Greenberg. 岸見一郎訳・野田俊作監訳『個人心理学講義——生きることの科学』一光社、一九九五年。
（2） Bradshaw, J. (1990): *Homecoming: Reclaiming and championing your inner child.* Bantam Books. 新里里春監訳『インナーチャイルド——本当のあなたを取り戻す方法』日本放送出版協会、一九九三年。
（3） Erikson, E. H. (1959): Identity and the Life Cycle. *Psychological Issues*, vol. 1, no. 1. Monograph 1. New York: International Universities Press. 小此木啓吾訳編『自我同一性——アイデンティティとライフ・サイクル』新装版、誠信書房、一九八二年。
（4） Erikson, E. H. (1982): *The Life Cycle Completed.* New York: Norton. 村瀬孝雄・近藤邦夫『ライフサイクル、その完結』みすず書房、一九八九年。
（5） 樋口和彦『ユング心理学の世界』創元社、一九七八年。
（6） 河合隼雄・樋口和彦・小川捷之編『ユング心理学——男性と女性』新曜社、一九八六年。
（7） 柏木惠子・高橋惠子編著『発達心理学とフェミニズム』ミネルヴァ書房、一九九五年。
（8） Manaster, G. J. & Corsini, R. (1982): *Individual psychology: Theory and practice.* F. E. Peacock. 高尾利数・前田憲一訳『現代アドラー心理学　上下』春秋社、一九九五年。
（9） 岡本祐子編著『女性の生涯発達とアイデンティティ——個としての発達・かかわりの中での成熟』北大路書房、一九九九年。

4章

（1） Dickson, A. (1982): *A woman in your own right: Assertiveness and you.* Quartet Books. 山本光子訳『アサー

ティブネス（積極的自己主張）のすすめ――前向きに生きようよ女性たち！』柘植書房、一九九一年。
（2） Frendenberger, H. J. (1974) : *Burn-out symdrome.* 川勝久訳『燃えつき症候群（バーン・アウト・シンドローム）――スランプをつくらない生きかた』三笠書房、一九八一年。
（3） 平木典子『アサーション・トレーニング――さわやかな〈自己表現〉のために』日本・精神技術研究所、一九九三年。
（4） Kondo, K. (1991) : Burnout Syndrome. *Asian Medical Journal*, 34 (11).
（5） Miller, J. B. (1986) : *Toward a New Psychology of Women.* Pelican Books. 河野貴代美監訳『Yes, But……――フェミニズム心理学をめざして』新宿書房、一九八九年。

5章

（1） American Psychiatric Association (1994) : *Diagnostic and Statistical Manual of Mental Disorders* (4th ed). Washington D. C. 高橋三郎・大野裕・染矢俊幸訳『ＤＳＭ－Ⅳ精神疾患の診断・統計マニュアル』医学書院、一九九六年。
（2） Bram, S. (1988) : *Eating disorders in females : An over determined syndrome.* Presented at the annual meeting of the American Psychological Association.
（3） Bram, S. (1992) : *A psychosocial model for eating disorders : Intergenerational conflict and self-image in adolescent females.* 皆川邦直訳「摂食障害の精神社会的モデル」『児童青年精神医学への挑戦』星和書店、二〇〇〇年、四二〇－四三四頁。
（4） Bruch, H. (1978) : *The Golden Cage : The Enigma of Anorexia Nervosa.* Harvard University Press. 岡部祥平・溝口純二訳『思春期やせ症の謎――ゴールデンケージ』星和書店、一九七九年。
（5） Bruch, H. (1988) : *Conversations with Anorexics.* New York : Basic Books. 岡部祥平・溝口純二訳『やせ症との対話』星和書店、一九九三年。

（6） DiNicola, V. F. (1990) : Anorexia Multiforme : Self-starvation in historical and cultural context. *Transcultural Psychiatric Research Review*, 27 ; 245–285.
（7） Fichter, M. M., Elton, M., & Sourdi, L., et al. (1988) : Anorexia nervosa in Greek and Turkish adolescents. *European Archives of Psychiatry and Neurological Sciences*, 237 ; 200–208.
（8） Gull, W. W. (1874) : Anorexia Nervosa. *Transactions of the Clinical Society of London*, 7, 22–28.
（9） 石川清・岩田由子・平野源一「Anorexia Nervosa の症状と成因について」『精神神経学雑誌』六二、一一〇三頁、一九六〇年。
（10） Jeammet, P., George, A., & Zweifel, R., et al. (1973) : Le milieu familial des anorexiques mentaux. Incidences sur le traitement. *Ann. Méd. Interne.*, 124 (3), 247–252. 西園マーハ文訳「神経性食欲不振症の家族環境——治療への影響——父親の病理の考察も含めて」『精神科治療学』六巻二号、二五五 - 二五八頁、一九九一年。
（11） Kaffman, M. & Sadeh, T. (1989) : Anorexia Nervosa in the Kibbutz : Factors influencing the development of a monoideistic fixation. *International Journal of Eating Disorders*, 8 ; 33–53.
（12） 梶山進「Anorexia Nervosa の臨床精神医学的研究」『精神神経学雑誌』六一、二二五六 - 二二八二頁、一九五九年。
（13） Laing, R. D. (1960) : *The divided self : An existential study in sanity and madness*. Tavistock. 阪本健二・志貴春彦・笠原嘉訳『ひき裂かれた自己——分裂病と分裂病質の実存的研究』みすず書房、一九七一年。
（14） 松木邦裕『摂食障害の治療技法——対象関係論からのアプローチ』金剛出版、一九九七年。
（15） Mitscherlich, A. (1963) : *Auf dem Weg zur vaterlosen Gesellschaft : Ideen zur Sozialpsychologie*. R. Piper. 小見山実訳『父親なき社会——社会心理学的思考』新装版、新泉社、一九八八年。
（16） Morton, R, (1694) : *Phthisologica : Or a Treatise of Consumptions*. London : S. Smith & B. Walford.
（17） Norwood, R. (1985) : *Women who love too much : when you keep wishing and hoping he'll change*. J. P. Tarcher. 落合恵子訳『愛しすぎる女たち』読売新聞社、一九八八年。

(18) Ochoa, L. (1989) : *An Analysis of Borderline Personality Features in Anorexia Nervosa.* New York University Press.

(19) Orback, S. (1986) : *Hunger Strike : The Anorectic's Struggle as a Metaphor for Our Age.* W. W. Norton. 鈴木二郎・天野裕子・黒川由紀子・林百合訳『拒食症――女たちの誇り高い抗議と苦悩』新曜社、一九九二年。

(20) 下坂幸三「思春期やせ症（神経性無食欲症）の精神医学的研究」『精神神経学雑誌』六三、一〇四一頁、一九六一年。

(21) 下坂幸三編『食の病理と治療』金剛出版、一九八四年。

(22) Stoller, R. T. (1968) : *Sex and Gender.* New York : Science House. 桑畑勇吉訳『性と性別』岩崎学術出版社、一九七三年。

(23) 末松弘行・河野友信・玉井一・馬場謙一編『神経性食欲不振症――その病態と治療』医学書院、一九八五年。

(24) 東原美和子・下坂幸三「父親の態度に照らしてみた摂食障害の発達の病理」精神療法、二〇巻五号、二五―三七頁、一九九四年。

(25) White, M. B. & White, W. C. (1983) : *Bulimarexia : The Binge/Purge Cycle.* New York : W. W. Norton. 杵渕幸子・森川那智子・細田真司・久田みさ子共訳『過食と女性の心理――ブリマレキシアは現代の女性を理解するキーワード』星和書店、一九九一年。

6章

(1) Norwood, R. (1985) : *Women Who Love Too Much : When You Keep Wishing and Hoping He'll Change.* J. P. Tarcher. 落合恵子訳『愛しすぎる女たち』読売新聞社、一九八八年。

(2) Schaef, A. W. (1989) : *Escape from Intimacy.* Harper & Row Publishers. 髙畠克子訳『嗜癖する人間関係――親密になるのが怖い』誠信書房、一九九九年。

7章

（1） Schaef, A. W. (1987) : *When Society Becomes An Addict*. Harper & Row Publishers. 斎藤学監訳『嗜癖する社会』誠信書房、一九九三年。
（2） Schaef, A. W. (1989) : *Escape from Intimacy*. Harper & Row Publishers. 髙畠克子訳『嗜癖する人間関係――親密になるのが怖い』誠信書房、一九九九年。

8章

（1） Black, C. (1981) : *It Will Never Happen to Me*. MAC Publication. 斎藤学監訳『私は親のようにならない――アルコホリックの子供たち』誠信書房、一九八九年。
（2） Cork, M. (1969) : *The Forgotten Children*. Addiction Research Foundation, Toronto, Canada.
（3） Friel, J. & Friel, L. (1988) : *Adult Children : Secrets of dysfunctional family*. Health Communications.
（4） Kritsberg, W. (1985) : *Adult Children of Alcoholics Syndrome : From Discovery to Recovery*. Health Communication.
（5） 西尾和美『アダルト・チルドレンと癒し――本当の自分を取りもどす』学陽書房、一九九七年。
（6） 緒方明『アダルトチルドレンと共依存』誠信書房、一九九六年。
（7） 斎藤学『家族という名の孤独』講談社、一九九五年。
（8） 斎藤学『アダルト・チルドレンと家族――心のなかの子どもを癒す』学陽書房、一九九六年。
（9） Woititz, J. (1983) : *Adult Children of Alcoholics*. Health Communications, Inc. 斎藤学監訳・白根伊登恵訳『アダルト・チルドレン――アルコール問題家族で育った子供たち』金剛出版、一九九七年。

9章

(1) Abramson, L. Y., Seligman, M. E. P., & Teasdale, J. D. (1978): Learned helplessness in humans: Critique and reformulation. *Journal of Abnormal Psychology*, 87, 49-74.
(2) Herman, J. L. (1992): *Trauma and Recovery.* New York: Basic Books. 中井久夫『心的外傷と回復』みすず書房、一九九六年。
(3) 戒能民江編著『ドメスティック・バイオレンス防止法』尚学社、二〇〇一年。
(4) Pizzey, E. (1974): *Scream Quietly Or The Neighbours Will Hear.* Penguin. 久保紘章・幸ひとみ訳『現代のかけこみ寺――イギリスの場合』ルガール社、一九八二年。
(5) 髙畠克子「ドメスティック・バイオレンス・被害者のための〈シェルター活動〉――予防・危機介入・アフターケアからみた実践報告」『コミュニティ心理学研究』三巻一号、一－一二頁、一九九九年。
(6) Walker, L. E. (1979): *The Battered Woman.* New York: Harper Colophon Books. 斎藤学監訳、穂積由利子訳『バタードウーマン――虐待される妻たち』金剛出版、一九九七年。

10章

(1) 石井妙子・相原佳子編『セクハラ・DVの法律相談』青林書院、二〇〇四年。
(2) 河野貴代美『フェミニスト・カウンセリング』新水社、一九九一年。
(3) MacKinnon, C. A. (1979): *Sexual Harassment of Working Women.* Yale University Press. 村山淳彦監訳・志田昇ほか訳『セクシュアル・ハラスメント・オブ・ワーキング・ウィメン』桐書房（発売）、一九九九年。
(4) 松本克美「セクシュアル・ハラスメント――職場環境配慮義務・教育研究環境配慮義務の意義と課題」『ジュリスト』一二三七、二〇〇三年。
(5) 宮地尚子編『トラウマとジェンダー――臨床からの声』金剛出版、二〇〇四年。

(6) 牟田和恵『実践するフェミニズム』岩波書店、二〇〇一年。
(7) 小野和子『京大・矢野事件』インパクト出版会、一九九八年。
(8) 上野千鶴子『キャンパス性差別事情――ストップ・ザ・アカハラ』三省堂、一九九七年。

終章

(1) Gergen, K. & Kaye, J. (1992) : Beyond narrative in the negotiation of therapeutic meaning. In McNamee, S. & Gergen, K. (Eds.), *Therapy as Social Construction*. Sage.
(2) Donzelot, J. (1977) : *La Police des Familles*. Editions De Minuit. 宇波彰訳『家族に介入する社会――近代家族と国家の管理装置』新曜社、一九九一年。
(3) 井上俊・上野千鶴子・大澤真幸・見田宗介・吉見俊哉『成熟と老いの社会学』岩波講座　現代社会学一三、岩波書店、一九九七年。
(4) 春日キスヨ『家族の条件――豊かさのなかの孤独』シリーズ生きる、岩波書店、一九九四年。
(5) 小森康永・野口裕二・野村直樹編『ナラティヴ・セラピーの世界』日本評論社、一九九九年。
(6) McNamee, S. & Gergen, K. J. (Eds.) (1992) : *Therapy as Social Construction*. Sage. 野口裕二・野村直樹訳『ナラティヴ・セラピー――社会構成主義の実践』金剛出版、一九九七年。
(7) Ricoeur, P. (1983, 84, 85) : *Temps et récit I II III*. Éditions du seuil. 久米博訳「言述における出来事と意味」『解釈の革新』白水社、一九八五年。
(8) 鶴見俊輔・浜田晋・春日キスヨ・徳永進『いま家族とは』岩波書店、一九九九年。
(9) White, M. & Epston, D. (1990) : *Narrative means to therapeutic ends*. W. W. Norton. 小森康永訳『物語としての家族』金剛出版、一九九二年。
(10) やまだようこ「人生を物語ることの意味――なぜライフストーリー研究か?」『教育心理学研究』三九巻、二〇〇〇年、一四六 - 一六一頁。

あとがき

（1）正高信男『ケータイを持ったサル――〈人間らしさ〉の崩壊』中央公論新社、二〇〇三年。
（2）森岡正博『無痛文明論』トランスビュー、二〇〇三年。

あとがき

「女性の、女性による、女性のための、フェミニスト・セラピー」についての本を書こうと思いたってから、時代は新しい世紀へと移り変わってしまいました。特に、二十一世紀に入って間もないというのに、時代の流れは悪化の方向に歯止めが利かなくなっていると言ってもよいでしょう。

悪化の第一は、世界各地のテロやそのテロとの戦いという大義名分のために、世界中が戦争への道を突き進んでいることです。

悪化の第二は、これと関係しますが、わが国に蔓延している女性や子どもたちに対する暴力です。世界中が戦争やテロという他国に対する犯罪的な暴力を進めている以上、女性や子どもなど弱い者たちに対して暴力が振るわれるのは当然かもしれません。

九〇年代から顕在化してきた女性に対する暴力は、二十一世紀に入る前後から、男女雇用機会均等法の改正、ストーカー規制法、ドメスティック・バイオレンス防止法など曲がりなりにも成立しましたが、根本的な解決には至っていません。これは先に述べたような、テロや戦争という暴力が許されるグローバルな状況があるからです。

また、子どもに対する暴力や虐待も、メディアを通してその凄惨な事件が毎日のように過剰に報道されています。この過剰な報道は、虐待事件が二度と起こらないようにという警告の意味とも考えられますが、さらにそれが凄惨な事件を生んでいくという逆説的で連鎖的な意味をもっています。今年になって児童虐待防止法が改正されようとしているにもかかわらず、その件数は減るどころか増え続けているのが実情です。

悪化の第三は、わが国における無痛文明構造の問題です。森岡正博（二〇〇三）は『無痛文明論』(2)のなかで、「苦しみを遠ざける仕組みが張りめぐらされ、快に満ちあふれた社会のなかで、人びとはかえって喜びを見失い、生きる意味を忘却してしまうのではないだろうか」と述べています。

そして、私たちの身体は、苦痛を避け、快楽を求める性質をもちますが、「身体の欲望」にもとづく社会や文明が、現代の日本を作っているのではないかということです。

具体的に言うと「身体の欲望」は、①快を求め苦痛を避ける、②現状維持と安定を図る、③すきあらば拡大増殖する、④他人を犠牲にする、⑤人生・生命・自然を管理するという五つの特性をもっていると言います。

これらによって、悪化の一途をたどっている二十一世紀の日本の現状を説明することができるのではないでしょうか。さらに、この無痛文明に育った人びとは、快楽を追求し苦痛を回避しているために、自分の痛みも他人の痛みも体験的に理解できないのです。自分自身を傷つけるリスト・カット（手首切傷）で痛みを実感しようとしたり、他人を傷つけることに手加減ができないために、死に至らしめるという事件が起こったりしてしまうのです。
悪化の第四は、コミュニケーションの欠落した人間関係の問題です。サルの研究者である正高信男(二〇〇三)は、『ケータイを持ったサル』[1]のなかで、ケータイを通してメール交換する若者たちを観察して、サルのコミュニケーションとの類似性に言及しています。

ケータイでのコミュニケーションは、ニホンザルのように、離れたときに繋がりを確認するメッセージ「今何している?」「ご飯食べている」「今から寝る。おやすみ」であったり、リスザルのように、親愛を確認するグルーミング(毛づくろい)「寂しい。会おう」「カワイイ!」であったりします。

これらのケータイによるコミュニケーションは、人間のコミュニケーションが必然的にもっている知識や情報を伝達する側面や、意思や情緒を相互に伝え合う側面などが欠落しており、人間関係を深化させ人間的成長を促すという、人間しかもっていないコミュニケーションの重要な側面がほとんど失われているのです。これはコンピュータというヴァーチャルな世界に引きこもって、「人を殺してみたくなった」と言って事件を起こす少年や、自殺ごっこをして死んで行く子どもたちにも共通する、コミュニケーションの欠落した人間関係の問題と考えられます。

それでは、このように悪化の一途をたどっているわが国において、有効な処方箋は見つけられるのでしょうか。今この原稿を読み直してみて、期せずして私なりの処方箋がこの本に込められているように思いますが、読者の皆さんはどう感じられたでしょうか。

この本に登場する女性たちは、この無痛文明の時代にあって、自分の痛みも他人の痛みも体の奥深くに感じていて、その痛みをセラピストとともに言語を介して再体験しています。自分の痛みや辛さを乗り越えるためには、それらを言語化して外在化させながら、その意味を自分に問いかけ社会に問いかけることが必要なのです。ここに登場する女性たちは、フェミニスト・セラピーを通してコミュニケーションが信頼関係を構築し、人間関係を深化させるという深遠な意味に到達した人たちなのです。一人ひとりの女性たちのプライバシー保護のためにいろいろ脚色を加えてはありますが、あらためて、この場で、彼女たちの人生に立ち向かう真摯な態度と、彼女たちの回復と成功に敬意を表したいと思います。

ところで、この本は以前にある看護雑誌に連載した事例、その後の治療実践を通して得た知見、そして今は亡き父母の協力のもとに生まれたものです。父は昨年の十二月に転移性肺癌のために亡くなりましたが、四カ月間、父のベットサイドで原稿を書き脱稿できたのも、最後まで父をケアーしてくださったうえ、私までも元気づけてくださった上ヶ原病院（兵庫県西宮市）の先生方やスタッフの方たちの協力があったからこそです。ここに、あらためて大江病院長、波田野先生、看護師さん、介護士さんに大きな感謝を伝えたいと思います。

最後に、この本を世に出すきっかけを作ってくださったのは、誠信書房の松山由理子さんです。『嗜癖する人間関係——親密になるのが怖い』（一九八九）に始まって、『心的外傷を受けた子どもの治療――愛着を巡って』（一九九四）を経て、今回の出版にこぎつけるまで、辛抱強く応援してくださいました。ここに深く感謝を表したいと思います。

平成十六年四月

髙畠克子

初出一覧

各章の事例提示は、「当世フェミニン事情一〜一二」『看護学雑誌』医学書院、一九九五〜一九九六年のものに加筆修正した。

著者紹介

高畠　克子（たかばたけ　かつこ）

1968年　東京大学文学部卒業
1991年　ハーバード大学大学院修士課程修了
現　在　武庫川女子大学大学院（教育研究所）教授
　　　　臨床心理学・コミュニティ心理学
共著書　西山詮編『リエゾン精神医学の実際』新興医学出版社　1986，山本和郎・原裕視・箕口雅博・久田満『臨床・コミュニティ心理学』ミネルヴァ書房　1995，波田あい子・平川和子編『シェルター——女が暴力から逃れるために』青木書店　1998，高畠克子・渡辺智子『ストーカーからあなたを守る本』法研　2001，山本和郎編『臨床心理学的地域援助の展開』培風館　2001，下山晴彦・丹野義彦編『講座臨床心理学１』東京大学出版会　2001，吉岡隆・高畠克子編『性依存』中央法規　2001
訳　書　シェフ，A.W.『嗜癖する人間関係——親密になるのが怖い』誠信書房　1999，ジェームズ，B.『心的外傷を受けた子どもの治療』誠信書房　2003

女性が癒やすフェミニスト・セラピー

2004年６月20日　第１刷発行

著　者　高　畠　克　子
発行者　柴　田　淑　子
印刷者　井　川　高　博

発行所　株式会社　誠　信　書　房
〒112-0012　東京都文京区大塚3-20-6
電話　03（3946）5666
http://www.seishinshobo.co.jp/

末広印刷　協栄製本
検印省略

ISBN 4-414-40356-1 C0011